ВЛАДИМИР МЕЛЬНИКОВ

ДОЛГИЙ ПУТЬ ВМЕСТЕ

Памяти Иосифа Хорола

2024

Эта книга о моем друге Иосифе Хороле. Эта книга о трагической судьбе еврейского студента, преданного любимой девушкой, о человеке, который в ГУЛАГе не сломался, а превратился в убежденного сиониста. Эта книга об удачной попытке вырваться из Советского Союза и о счастливой интеллектуально насыщенной жизни в Израиле. Эта книга о нашей дружбе.

Владимир Мельников

Владимир Захарович Мельников
**Долгая дорога вместе.
Памяти Иосифа Хорола.**
Лида Камень, Итта Хорол - Предисловие
Филадельфия, 2024 — 262 с.
ISBN 979-8-9858179-1-1
Редактор: Татьяна Алексеева
Компьютерная вёрстка: Анна Бродская
Фотографии из архива автора.
Издатель: Павел Мостинский
Все права защищены.

Vladimir Melnikov
**Long Way Together.
In Memory of Iosif Horol.**
Lida Kamen, Itta Horol – Forewords
Philadelphia, 2024 — 262 pp.
Editor Tatiana Alekseeva
Computer Design by Anna Brodsky
Photos from author's archive
Published by Paul Mostinski
All rights reserved.

**ISBN 979-8-9858179-1-1
Library of Congress Control Number: 2024909142**

Иосиф Хорол

Владимир Мельников

ПРЕДИСЛОВИЕ

Владимир Мельников [1], участник антисоветской организации СДР, подельник Майи Улановской [2], отсидевший в лагерях и тюрьмах СССР с 1951 по 1956 год, уже выступил однажды на страницах «Старины» (сентябрь 2005) с короткой заметкой по поводу своего «дела». Но более или менее пространные воспоминания он написал впервые. Написанные бесхитростно, без попыток литературной обработки, эти страницы, мне кажется, должны привлечь читателя абсолютной искренностью и достоверностью. Как он написал: «Демократии, сионизму и борьбе за права человека мы учились на тюремных и лагерных нарах. Тяжёлая школа. Но мы тот экзамен сдали».

Поколение людей, в полной безнадёжности и безвестности восставших против страшного монстра советской тирании, уходит из этого мира. Их бесценные свидетельства о муках и героическом своём противостоянии необходимо собирать и публиковать, пока не поздно.

Владимир Мельников хотел написать портрет своего друга Иосифа Хорола, проявлявшего исключительный героизм и стойкость в самых разных обстоятельствах.

Но, разумеется, рассказывая о своём друге, Мельников — как любой человек, — немало рассказывает и о себе, и о других людях, и об окружении. И это не менее интересно и важно.

Значительную часть в своих рассказах автор посвятил израильскому периоду жизни. Анализ происходившего в Израиле за последние 40 лет с этой точки зрения ещё никто, насколько мне известно, не писал.

Лида Камень

В далекие 1958-60 годы — первые годы нашей жизни с Иосифом — я заслушивалась его рассказами о застенках КГБ, о лагерях. Особенно интересны были рассказы о встречах Иосифа с людьми: среди них были личности неординарные, интересные, с необыкновенной судьбой. Мне тогда не приходило в голову записывать эти рассказы.

А потом жизнь предъявила свои требования, и мы были заняты другим.

Когда родился Михалик, сын Иосифа, я настоятельно просила Иосифа написать о себе и своём нелёгком пути. Он этого не сделал.

И вот сейчас — через четыре года после того, как Иосиф ушёл из жизни — близкий и дорогой друг рассказал о нём.

За этот рассказ я очень благодарна Владимиру Мельникову.

Итта Хорол
Элькана, 2014 год

ЧАСТЬ ПЕРВАЯ

В СОВЕТСКОМ СОЮЗЕ

«Сегодня мы живём в другой стране,
и меня ежедневно волнуют другие проблемы.
Но я понимаю людей, которые не хотят вспоминать о прошлом.
Стоит мне начать вспоминать, погружаться в атмосферу 50 года,
как я чувствую, что мне тяжело дышать,
что мне не хватает воздуха.
Какое счастье, что я мало знал и мало понимал в 50-м!»

Владимир Мельников.
Из писем к Майе Улановской

Иосиф Хорол, 1995 г.

ОБ ИОСИФЕ

Умер друг. «Уходят, уходят, уходят друзья. Одни в никуда, а другие...»

Вот насчёт других. Несчастное поколение: полжизни там, где ни ум, ни амбиции, ни знания никому не были нужны. В чужой стране. В зверинце, в лагере, да и после лагеря, где только прошлое, лагерное прошлое как лучшая часть жизни, где нет настоящего, где будущее — опять лагерь. И мечта о своей стране. Прекрасной стране, текущей молоком и мёдом. Иосифу повезло: он верил в мечту, как другие верили в Бога. «Будущее светло и прекрасно». Будущее нужно приблизить, сделать настоящим.

Иосиф не боялся. Ни в лагере, ни на свободе. Шутка ли — поменять Одессу на Ригу, а из Риги уехать в Израиль в 1969 году! Сколько таких было?! И как это ни покажется странным, евреи Риги оказались ближе, чем евреи родной Одессы. На это были веские причины, но о них ниже. В Риге тоже жили евреи. И ещё какие евреи!

Он подружился в Риге с Буби Цейтлиным. Буби рано, очень рано умер. Бескорыстный, светлый Буби. Я помню, как он танцевал, несмотря на боль в раненой ноге.

Полжизни в Израиле. Но для жизни «здесь» нужно время, нужны иные глаза, нужны физические силы. Так рано уходили друзья: Буби Цейтлин, Меир Гельфонд и другие.

Лагерь у всех отобрал здоровье: у кого печень, у кого лёгкие, у кого и сердце. Меир Гельфонд [3], я и сегодня вижу его улыбку, чувствую дружеское пожатие руки — Меир, всегда готовый помочь...

А здесь пока освоишься, пустишь корни, начнёшь понимать, как складывается жизненный и политический пазл, выучишь язык... На это уходят годы. Сколько из нас, умных, талантливых, согнулись под тяжестью повседневного и ушли от общественной жизни? Жаль. Их социальный потенциал был для Израиля потерян. Солдаты одной войны. Выиграв войну у правительства Советского Сою-

Меир Гельфонд

за, они считали себя не вправе воевать с правительством Израиля. А ведь иногда нужно было.

Но Иосиф сразу окунулся в общественную жизнь и разобрался в «политическом компоте».

Просто сказать: «Повезло». На это «повезло» требовались терпение, силы и выдержка, килограммы «савланута» [4] и тонны «антисавланута», чтобы не погрязнуть, не утонуть в житейских заботах, чтобы не сломаться в руках «заботливого» начальства, чтобы отстаивать свою точку зрения, своё понимание жизни. А заботы были у всех.

Впрочем, все житейские заботы на свои плечи взвалила Итта, жена.

Иосиф и Итта Хорол

К другим быстро приходила старость, и уже «княжьи» доспехи были не по силам. Старость к Иосифу не пришла, пришли болезни, большинство которых тянулось ещё из лагеря. Что такое старость для такого человека, как он? Это потеря интереса к общественной жизни. Болеют все: и молодые, и старые. Но живут-то все по-разному. «Княжить» не хотелось, хотелось всё знать и всё понимать. Если «княжить», то только идеологически. По характеру он был учитель, наставник. И так до последней минуты жизни.

А теперь его нет. Умер друг. Не с кем посоветоваться, не с кем поспорить. Сладость спора. Турнир, дуэль, где вместо отточенных шпаг или дуэльного пистолета Андре Ле Пажа [5] — Иосиф любил старинные вещи и очень их ценил — отточенная логика, вновь рождённое доказательство. Даже поражение в споре не горечь, даже поражение — сладость: начало новых раздумий, поиск новых аргументов.

ПЕРВАЯ ВСТРЕЧА В СТРАНЕ ЗЕКА

Владимир Мельников в Песчлаге 1955 г. Караганда, Фёдоровка. Зэка 1-М532

Я был знаком с Иосифом без малого 55 лет. Помню, как в конце августа 1955 года пришёл этап с Дубовки, одного из лагпунктов Песчлага, к нам на Фёдоровку, в том же Песчлаге.

В Дубовке были угольные шахты, на Фёдоровке — строительные работы, лагпункт, на котором работы были полегче.

Прибыли среди других заключённых два Иосифа, два бородатых красавца, высоких, широкоплечих — один одессит, другой киевлянин, один из ОГУ [6], другой из КИКИ [7]. И наша маленькая (человек пять-семь — Айзенштат [8], Горелик [9], Прусс [10], Гольдштейн [11], Славин [12], кажется, Кульман, и кого-то я забыл) еврейская община, кстати, очень дружная, их приняла.

Иосиф Хорол в лагере 1954 г.

Я сам находился на лагпункте недавно: всего недели две, так закончился начавшийся в 1954 году вояж — Темир-Тау (Песчлаг) — закрытая тюрьма в Богучаре Каменской области — штрафной лагпункт в Тавде (Северо-восток-Урал-лаг (СВУЛ)) — и опять Песчлаг, но уже Фёдоровка.

Я подробно пишу географические названия, вполне понимая, что они никому неинтересны. Но у меня есть тайная надежда, что мои дети и внуки, так же, как сын Иосифа Михаэль и его дети, когда-нибудь вместо мировых курортов, моря, гостиниц «пять звёздочек» захотят увидеть карагандинские степи, остатки лагерей и лучше поймут нас и наши помыслы. Возят же израильских подростков по лагерям уничтожения Польши и Германии. Может быть, будут возить хотя бы по спецлагам СССР? А евреев, сидевших и умерших в советских лагерях, можно помянуть добрым словом.

Демократии, сионизму и борьбе за права человека мы учились на тюремных и лагерных нарах. Тяжёлая школа. Но мы тот экзамен сдали.

На Фёдоровке я встретил знакомого по Майкадуку — Гилю Айзенштата, подельника Зямы Фридмана, Фали Кузнецова и Исраилевича. Гиля был бригадиром, и он взял меня в свою бригаду. На Майкадуке мы не были близки, но дружба с Зямой Фридманом была как бы гарантией моей порядочности, и мы подружились. Несмотря на дружбу с Гилей, я был на общих работах. Я никогда не стремился в придурки.

У Хорола наладились со всеми хорошие отношения. В лагере это всегда непросто.

Я сразу подружился с Иосифом. В лагерях люди жили прошлым: работой, войной, семьёй. Чем человек был моложе, тем круг воспоминаний был у́же. Будущее было неясным, непонятным. Какие могли быть у меня воспоминания? Школа, институт, подпольная организация. Какие у меня были интересы? История и политика, политические прогнозы. Собственное будущее не просматривалось. Правда, уже умер Сталин. Прошли по разным лагерям «волынки» — то, что потом стали называть восстаниями. Заметно облегчён был режим, стали разрешать свидания. Можно было писать письма хоть каждый день. В воздухе носился дух перемен. Сильно активизировались «жопники» (ЖОПА — желающие освободиться по амнистии). Тот редкий случай, когда они оказались правы. И тем не менее впереди виделась в лучшем случае ссылка.

Личные взгляды Иосифа на будущее вполне соответствовали моим. В ссылке работать юристом будет запрещено. А общие интересы Иосифа были гуманитарные. Блестящий аналитический ум, уменье на много лет вперёд предвидеть события, то есть прогнозировать их, общая культура, чёткий яркий

Иосиф Хорол в лагере. Зэка 1-Щ653

сионизм. Именно любовь к истории, к политике, к прогнозам и сблизила нас в лагере, и дружба сохранилась на всю жизнь. Мы как бы нашли друг друга. Иосиф был старше меня всего на три года, но это не имело значения. Была ещё одна причина: за год закрытой тюрьмы я истосковался по интеллектуальному общению. Закрытая тюрьма была тяжёлым испытанием.

Я долго думал, почему мы так быстро подружились и потом дружили всю жизнь. Ведь такое не часто бывает. Теперь у меня есть ответ. Итта Хорол передала мне копии обвинительных заключений и приговоров Одесского областного суда по «Делу 5220» и по «Делу 5406» — по делам Иосифа и его матери. Александр Монастырский, сын подельника Иосифа Леонида Монастырского, передал мне свои очень интересные семейные воспоминания. И я понял, что у нас были близкие исходные позиции. Оказалось, начинали мы почти одинаково, только Иосиф — в Одессе, а я — в Москве.

ОДЕССА

Одесса. Весёлая еврейская компания студентов-юристов, уже третьекурсников, собиралась друг у друга, но чаще у Гарцмана. Собственно, компания была не только с юрфака, были студенты, например, с геологического факультета, но центром, конечно, были юристы. В ОГУ училось много евреев, но не только евреи были в этой компании, были русские и украинцы. Ядром группы была шестёрка евреев.

Как они собирались, общались? Кто из студентов не срывался с нудных лекций? Кто просто так, а кто с подружкой, кто посидеть в библиотеке, а кто сыграть в карты. И это было. Молодость, лёгкость, беззаботность. А как собрать желающих? Был пароль. Посылалась записка: «Я ушёл на заседание малого Совнаркома». Собираются желающие.

Откуда родился этот пароль? Это же фраза Остапа Бендера из «12 стульев». В те годы популярность «12 стульев» и «Золотого телёнка» Ильфа и Петрова среди студенческой молодежи была невероятной. В разных компаниях по разным поводам цитировали Остапа Бендера. Это считалось хорошим тоном. И не только в Одессе. Мы в Москве тоже непрерывно цитировали то Остапа Бендера, то Эллочку Щукину.

Мне было лет 13–14, и это был мой последний год в пионерском лагере. Чтобы как-то утихомирить на ночь разбушевавшихся подростков, пионервожатая вслух стала нам читать «12 стульев». Спальня замерла. С тех пор эта книга всегда была со мной. Нужно было не иметь ни капли разума, ни капли интеллекта, ни капли образования, чтобы назвать группу студентов-любителей игры в покер антисоветской организацией «Малый Совнарком».

Два с половиной года учёбы и дружбы, с 18 до 20 лет. Наверное, иногда выпивали, наверное, иногда играли в карты, наверное, были там и девушки. Было легко и весело, как бывает в 20 лет. А кругом была невесёлая и непростая жизнь.

* * *

Послевоенная Одесса. До войны в Одессе проживало 600 000 человек. Почти половину составляли евреи. А после войны город стал «юденфрай», свободный от еврейских граждан: на Одесщине погибло 240 000 (двести сорок тысяч!) евреев. Больше, чем в Литве и Латвии, вместе взятых.

С 1944 года, сразу после освобождения, Одесса вновь стала заселяться евреями. Город был сильно разрушен, его пришлось отстраивать заново. Немало домов пришлось ремонтировать, исправлять фасады: дома имели уже не тот вид, что раньше. Одесса была не той, не довоенной, не лёгкой, не фривольной. Та небольшая часть евреев, которая вернулась «к разбитому корыту», не могла найти жилья. Их квартиры были заняты, вещи разграблены. Всё время они слышали: «Зачем вы вернулись?», «Жаль, что вас всех Гитлер не дорезал», «Кто дал вам право жить в Одессе?».

А право на жительство в Одессе было дано евреям ещё русской царицей Екатериной Великой задолго до Октябрьской революции, и никто это право не отбирал, во всяком случае, официально.

Кстати о праве жить в Одессе, Киеве, Харькове и других городах Украины, Молдавии и Прибалтики. После Второго раздела Польши её восточные районы вместе с населением, включая еврейское, отошли к России. В 1791 году Екатерина II издала указ, касающийся места проживания евреев. Этот указ определил границу территории, за пределами которой запрещалось постоянное жительство евреям, — черту оседлости, куда входили территории Царства Польского, Литвы, Белоруссии, Бессарабии, новые южные губернии Российской империи...

Однако евреи появились в Одессе ещё до указа Екатерины. Начало еврейской общине в Одессе положили шесть евреев-ремесленников, которые жили в турецкой крепости Хаджибей, взятой русскими войсками в 1789 году. И только через шесть лет, в 1795 году, крепость Хаджибей была переименована в Одессу.

Надо было бы ещё выяснить, кого можно и нужно называть коренным населением Одессы. Во всяком случае, евреи давно считали Одессу своей.

В их Одессе, которую они, евреи, по праву считали родным домом, в 1941 году в бывших артиллерийских складах были сожжены живьём, сразу, в один день, 25 000 женщин, стариков и детей, в подавляющем большинстве — евреев. На Привозе, в Александровском парке, Успенской, Пироговской улицах с первых часов оккупации начались массовые расстрелы жителей, в основном евреев, а деревья парков и электростолбы превратились в виселицы, в Слободке устроили гетто. Любовь евреев к Одессе была без взаимности. А где на территории громадного Советского Союза любили в те годы евреев?

И это в их Одессе, в которую они, евреи, по-прежнему были влюблены, легенды о которой они впитывали с молоком матери, в их Одессе, где им были знакомы не только все улицы, но и все дома, им говорили «жидовская морда». Старшим братьям доставалась в основном ругань, младших могли и избить сразу за воротами школы.

Они думали, что вернулись в свою Одессу, а Одесса была другая, чужая и доживала в своей старой славе. Изменился состав города. Раньше это был русско-еврейский город с сильной примесью греков, немцев, турок, молдаван, в котором украинцев было мало, да и те использовались в основном на чёрных работах. После войны исчезли греки и турки, бежали немцы, были уничтожены евреи. А поскольку свято место пусто не бывает, город заполнили украинцы из окрестных деревень.

Часть бежавших в 1941 году евреев вернулись. Их было мало, и они были в шоке от увиденного. Одно дело слышать, что немцы уничтожили евреев, другое дело видеть, что их близких нет. Были, жили, не бежали вместе с ними, а теперь их нет. Нет — и всё. Город перестал быть «их», потерял специфику. Евреи жили и в Киеве, и в Харькове, и в других городах, городках и местечках Украины. И каждый населённый пункт имел свою специфику, свой социальный запах. Все потеряли свой специфический, родной запах. И Одесса тоже. Исчез розовый, романтический запах. Пахло могилами. Трупный запах был теперь у этой Одессы.

То же самое произошло и с Ригой. Рига до 1941 года была русско-немецко-еврейским городом. Латыши были прислугой, даже не вторым сортом граждан. Немцы уехали из Латвии в 1939–1940 годах по договору с Германией, евреев уничтожили в 1941 году, русские потеснились, и в город хлынули латыши и мигранты. В мизерном количестве вернулись евреи и даже появились новые, не латышские, а город перестал быть еврейским. Он стал русско-латышским, а потом латышско-русским.

Между прочим, надо отметить, что многовековая экспансия немцев на восток закончилась эвакуацией немцев из Прибалтики. 700–800 лет немцы двигались на северо-восток и на юго-восток Европы. Когда мечом, когда рублём, а часто умом, уменьем колонизировать местное население. Даже там, где их было мало (а в России количество прибалтийских немцев было не велико), они входили в организационную и военную элиту страны.

Одесса осталась, но она была не та, другая. Рига тоже стала не та. У каждого из этих городов свой путь. Свой, но уже без евреев.

Евреев не любили, евреев не хотели. Конечно, это было не только в Одессе. Я в Москве до 14-ти лет дрался. Помню, как Аркашу Нанкина [13] в 1942 году избили до полусмерти. Разве это можно было спокойно вынести? Советская власть, которая декларировала равенство всех народов, не только не защитила евреев, но обрушила на них гнев государственного русско-украинского антисемитизма. За что? Народный, стихийный антисемитизм смешался с государственным, государственный подпитывал, поддерживал народный. Отличный симбиоз!

* * *

В моём окружении евреи, да и русские часто спрашивают, как евреи могут жить в Германии, где каждый старый человек мог быть убийцей твоей бабки или отца? Но это далеко, «за бугром». А тут — на месте. Как могли жить евреи сразу после войны в Одессе, Киеве, Львове, Вильнюсе, Риге, Житомире, Каунасе, где убийцы ходили по улицам, донашивали одежду твоих родственников, жили в еврейских квартирах и ничего и никого не боялись? Бояться должны были евреи. Конечно, власти кого-то наказывали, сажали. Но разве можно наказать повальный антисемитизм — жидоненавистничество, юдофобство? Разве можно наказать всех убийц и их помощников?

Да, я встречался в лагерях с теми, кто сидел и за убийства евреев, но большинство-то сидели за борьбу с советской властью: украинские партизаны-бендеровцы, литовские и латышские эсэсовцы, эсэсовцы из дивизии «Галичина», ещё эсэсовцы из Эстонии, ещё из Белорусских батальонов и т. д. Борьба с советской властью была определяющим фактором. А на убийство евреев обвинитель, то есть государство, или не обращало внимания, или рассматривало его по совокупности с другими преступлениями. Вроде бы, несколько миллионов евреев никто и не убивал. Редко, очень редко кто-то нёс персональную ответственность за убийство евреев. Всю жизнь у меня стоит перед глазами молодой красивый, похожий на киноактера литовец, который говорит: «Сволочи (б...) чекисты, приписали мне, что я расстрелял всех жидов в городе, а я только две машины». До гроба буду помнить этого «гуманиста» с лагерным номером 1-Н-702. Ему в 1941 году было лет 18–20.

В детстве и в юности наши родители молчали и просили нас молчать, не реагировать на антисемитские выпады — быть выше этих человеконенавистников. Родители понимали, какие могут быть последствия молодежного фрондизма, протеста. Но молодежь молчать не могла. В ней бушевала не избыточная смелость, а избыточные чувства: чувство справедливости, чувство гордости за свой народ, чувство национальной уязвлённости. В Одессе, Киеве, Жмеринке, Москве, Ленинграде, в далёком Ленинск-Кузнецке еврейская молодёжь начала говорить вслух. Кто как умел, сначала среди своих родных и друзей.

* * *

Университет был интеллектуальной отдушиной. Студенты слушали лекции, читали книги, по-юношески азартно, до крика спорили, кричали: «Старик, слушай, у меня гениальная идея».

За пять минут излагалась «гениальная идея», а ещё через пять минут от идеи не оставалось ни пуха, ни пера. Жизнь студента бурная: надо успевать на всех фронтах.

Однажды шумно, весело праздновали день рождения Бориса Щуровецкого. Собственно, родные и друзья звали его Бернардом или Бешей. Борисом он был для посторонних.

Договорились встретиться утром в буфете: посплетничать о прошедшей вечеринке и наметить планы на будущее — начиналась экзаменационная сессия. «Студент бывает весел от сессии до сессии, а сессия всего два раза в год». А где ещё, как не в буфете, должны встречаться вольные студенты? Приятель Лёни Монастырского Саша Шпиков (Александр Борисович) пришёл утром в буфет, а там никого нет. «Нет так нет, — подумал он и спокойно ушёл. — Ещё не проснулись. Перенесём встречу на завтра».

А завтра уже не было. На следующий день он узнал, что Щуровецкий арестован. Две недели прожил он в безумном страхе: заберут — не заберут, а если заберут, то за что? Ему повезло, пронесло.

Группу формировали без лишней торопливости. Некоторых арестовывали как-то странно: то забирали, то отпускали. Последнего, Л. Монастырского, забрали 9 мая.

Было ясно, что кто-то на них настучал. В такую большую, шумную, весёлую, не сдержанную на язык студенческую компанию легко было затесаться «зуктеру» — стукачу. «Зуктер» на идиш — «стукач, провокатор». Я такого слова в Москве не слышал. Но там ведь была еврейская Одесса со своим сленгом.

Группа еврейских студентов (шесть человек) Одесского университета, куда входил и Иосиф, была арестована в январе 1951 года. В чём же обвиняли шестерых еврейских юношей — Хорола, Гарцмана, Монастырского, Фланцбаума, Щуровецкого, Шнейдерова?

Судебное заседание постановило:

«Являясь единомышленниками, еврейскими националистами, явно враждебно недовольных политикой ВКП(б) и Советского Правительства в течение 1948–1950 гг. возбуждали и разжигали национальные предрассудки как в своём кругу, так и среди студентов еврейской национальности Юр. Фака Гос. Университета, и в первую очередь среди студентов 3-го курса Юр. Фака, на котором они состояли.

Эта группа обвиняемых собирались друг у друга на квартире и чаще всего на квартире обвиняемого Гарцмана именуя себя малым совнаркомом, где слушали радиопередачи Голос Америки, явно антисоветского содержания, также во время игры в преферанс вели разговоры на политические темы, осуждая при этом национальную политику ВКП(б), возводя клевету на проводимые мероприятия по борьбе с космополитизмом, подбору кадров на руководящие посты, обвиняя отдельных руководителей ВКП(б) в антисемитизме, восхваляя при этом научных работников из лиц еврейской национальности. Эта группа обвиняемых при обсуждения вопросов по выбору комсомольского бюро, поступков Шуравецкого и Фланцбаума распространяли слухи среди студентов об антисемитизме со стороны русской национальности призывая забаллотировать рекомендованного члена партии русской национальности обвиняя его в антисемитизме, в следствии чего он был забИлитирован». (Приговор Одесского Областного суда от 23–26 ноября 1951 года. Стр. 2).

Хочу отметить, что орфография и синтаксис данного документа соответствуют оригиналу. И еще хочу обратить внимание на одну деталь: в перечислении обвиняемых **ШурАвецкий** пишется через «А», а в тексте обвинительной части через «О», а в приговоре опять через «А». В Обвинительном заключении

Щуровецкий написан через «Щ», в приговоре опять через «Ш». Так о ком же идёт речь? О каких **«поступках Шуравецкого и Фланцбаума»** идёт речь? В тексте об этом нет ни слова. Это уровень советской юстиции.

Одесса не была исключением. В своей юридической небрежности она равнялась на Москву. В моём деле тоже перепутаны фамилии. Вместо **ВИнниковой** написано **ВАнникова**, а вместо **ПаНфилова — ПаМфилова.** И ничего, сошло. Где бы такая юстиция могла существовать?

Читаешь этот документ и не веришь своим глазам. Чем занимались взрослые дяди? Страна была голодной, раздетой. Только в 1946–1948 годах был дикий голод в близкой к Одессе Молдавии. Разве можно было это скрыть? Тысячи людей были дистрофиками, в том числе и дети. Не в военном блокадном Ленинграде, а в по-южному изобильной Молдавии, до которой было рукой подать. Для кого это могло быть тайной? Об этом рассказывали радиопередачи «Голос Америки», BBC, «Свобода».

Ребята под «Голос Америки» играли в карты, ухаживали за девушками, рассказывали анекдоты. Все любили Ильфа и Петрова и называли себя «Малым совнаркомом».

О чём говорили на их «Малом совнаркоме»? Как трудно быть евреем в их Одессе, как трудно будет им устроиться в насквозь антисемитской их Одессе. Даже критика была вполне умеренная — «обвиняя отдельных руководителей ВКП(б) в антисемитизме». Не партию, не правительство в Москве, а отдельных руководителей в Одессе…

Вот, собственно, и всё.

* * *

Все знали, как работает государственный антисемитизм. И в Москве, и в Одессе, и у чёрта на куличках действовала одна схема: «У нас равенство всех наций, у нас нет никакой дискриминации по национальному вопросу. Вы прекрасный молодой человек, но вы не добрали одно очко. Очень жаль». А экзаменаторам были даны чёткие указания занижать евреям отметки. Если ты попадал в институт, то и дальше шли кочки: в аспирантуру брали с большим трудом, нормальное распределение на работу было получить почти невозможно.

Такие были правила игры, точнее, правила жизни. Скажем, в МГУ на мехмат (то же самое – на филфак, на экономический) еврею поступить нельзя, а в пединститут можно, а лучше в какой-нибудь инженерный. Нет, не в МВТУ и не в МАИ, и не в ММИ, переименованный в 1953-м в Московский инженерно-физический институт (МИФИ), а в Торфяной, или в лучшем случае в Пищевой, в нём много факультетов: и экономический, и механический, и технологический. А ещё в Институт советской и кооперативной торговли. Там в 1950 году был недобор абитуриентов! И так же при распределениях, поступлениях в аспирантуру и при зачислении на работу. До последних дней советской власти существовал такой порядок, такие правила игры. В семидесятые годы прошлого века борьба за поступление в МГУ на мехмат вылилась в настоящую войну против советской власти.

Это в семидесятые годы, а в конце сороковых и в начале пятидесятых — ни о каких войнах не было слышно. Сажали и без войн.

Через много лет, где-то в шестидесятые годы, академик Келдыш [14], президент АН СССР, сформулировал юдофобское правило полузакрытого крана: брать, но с ограничениями, брать, но искусственно создавать препятствия. Совсем не брать нельзя. Кто-то же должен был работать во многочисленных НИИ, на заводах, двигать советскую науку и культуру. Брать понемножку. Келдыш только озвучил, придал «математическую» формулу факту. Но ведь евреи и так знали, что они дискриминируемы. А все остальные разве не знали? Нет социальных тайн. Были в страхе заложенные уши, зашоренные глаза, скукоженная совесть. В Советском Союзе есть дискриминация евреев, есть государственный антисемитизм. Только что прошла война, только стали собираться семьи, кто вернулся с фронта, кто из эвакуации; многих вернувшихся из армии не брали на работу, а их детей – учиться.

Я помню, как моего отца, демобилизовавшегося из армии в 1946 году, не брали на работу в НИИ-1, где директором был Келдыш, хотя отец мой и был фронтовиком, майором, инженером (в те времена инженеров катастрофически не хватало), и членом партии, и имел опыт руководящей работы. Каждый из нас на себе испытывал «радость от национальной политики мудрого Сталина». Порядок полузакрытого крана сохранился на много лет и после смерти Сталина, вплоть до развала СССР.

Все всё знали. Социальных тайн нет.

Теперь, когда открылись архивы, стали известны потрясающие два письма академика Гамалеи на имя Сталина и Берии, в которых он писал о насаждаемом сверху антисемитизме, и в частности, об ограничениях, накладываемых на еврейскую молодежь, стремящуюся учиться [15].

Ведь и Иосифа не сразу взяли в ОГУ. В том же 1948 году с большим трудом он всё же поступает в университет. В 1949 году моего друга и подельника Женю Гуревича не приняли в Московский педагогический институт, а в 1950 году Женю Гуревича и Бориса Слуцкого не взяли на философский факультет МГУ. Всё было рядом, всё было одинаково и в Москве, и в Одессе.

Несмотря ни на что, эти еврейские мальчики по-прежнему были влюблены в Одессу, в её улицы, в её дома. Невозможно это представить.

А разве мои друзья не были влюблены в Москву? Я и Женя Гуревич могли в мартовские — апрельские дни, когда снег уже сходил с московского асфальта, на липах набухали почки и прорывались наружу яркозелёные листочки, а весеннее солнышко ласково начинало пригревать, просто так, без дела, пройтись от метро «Маяковская» к центру, впитывая в себя всю эту красоту. Участок улицы Горького от Пушкинской площади вниз, к центру, мы называли Бульваром липовой любви. Кажется, после войны там вновь посадили липы. Или рвануть на Арбат. Все дороги вели на Арбат и через Арбат.

НАЧАЛО ИСТОРИИ

В каждом доме была своя история.

И всё же, как случилось, что из толпы студентов КГБ выбрал шестёрку с юрфака?

Французы говорят: «Если хочешь раскрыть преступление — ИЩИ ЖЕНЩИНУ». И женщина нашлась. Чуда не было... Стукачом оказалась милая девушка, которая была влюблена в Иосифа, и к которой Иосиф был весьма благосклонен. Звали её Неля Немиринская. Она была не одна — ею руководил «старший, опытный товарищ» Юзеф (Зусь) Абрамович Эрлих. А кто стоял за его спиной?

В своём письме ко мне Александр Монастырский приводит рассказ своей матери Евгении Пименовны Монастырской, в девичестве Мельниченко, о том, как она «вычислила» Немиринскую и Эрлиха. И Нелю, и Юзефа Эрлиха она много лет хорошо знала, с Немиринской ещё со школьной скамьи были подругами. А Эрлих был её начальником, когда она по материальным соображениям бросила университет и пошла работать в клубную библиотеку. Завклубом был Эрлих.

В рассказе Евгении Пименовны есть такие моменты.

Случайно встретились две школьные подруги, обрадовались, зашли в кафе, обе учились на юрфаке, были в одной компании, одна была влюблена в Хорола, другая — в Монастырского. Они не были близкими подругами, но отношения были доверительные, во всяком случае, со стороны Евгении Пименовны.

В кафе, выбирая столик, за который они смогли бы сесть, сказала Немиринская: «Давай сядем в дальнем углу, чтобы виден был весь зал и вход — меня так учил один человек...»!!!

Но в этом не было ничего особенного. Сколько раз мы сами, зайдя в кафе, бар, да любую советскую столовую, садились в дальний угол, чтобы всех видеть и никому не мешать, а главное, чтобы нам никто не мешал! Тем более, когда хотелось поговорить по душам. В другой раз всё та же заботливая Неля пригласила: «Мне достали (??) две контрамарки в Оперный театр». В Оперном их места «оказались» в ложе, где кроме них находились только иностранцы. В антракте откуда ни возьмись появился Эрлих в шикарном костюме с бабочкой, и оказалось, что он знаком с Немиринской, а иностранцы были израильтянами» (из письма А. М.).

Ну и что, что Немиринская и Эрлих были знакомы? В Одессе многие знали друг друга. Прийти в театр хорошо одетым —

тоже не преступление. Но как получить контрамарку в ложу, в которой сидят иностранцы, да ещё израильтяне? И как узнал об этом господин Эрлих? Разумного ответа я на это не нашёл.

И опять случайная встреча. Видимо, долго не виделись, ребята в тюрьме, встречаться страшно, но судьбы похожи. Разговор крутится вокруг судьбы ребят, безысходности ситуации. Немиринская знает, что Женя (Евгения Пименовна) постоянно навещает Фиру Борисовну, мать Монастырского, расспрашивает, хочет знать подробности. И вдруг неожиданно говорит: «Я ему предлагала, был выход, но он отказался».

СТОП

Немиринская не могла сказать Иосифу, что она стучит на него и на всю его компанию, и не могла предложить ему стучать на других. Иосиф считал её подругой и не знал, что она давно его предала. Уже будучи в лагере, он с ней переписывался, значит доверял. Только во время второго суда она вышла из «подполья», стала открыто давать показания и демонстрировать письма, полученные от Иосифа из лагеря, в которых он просил помощи в планировании побега. Безмерно доверял.

Зачем ей надо было хранить письма? Ведь это компромат на него и на неё, хранить письма опасно: это связь с заключённым, которая преследуется.

Оказалось, что письма сдавались и хранились в КГБ. Там было надёжнее, там это была улика.

Она могла предложить Иосифу порвать с друзьями, перестать высказываться в антисоветском духе, не слушать «Голоса». Иосиф отказался.

«Это безусловно делает честь Иосифу, большое мужество в те "весёлые" времена — шагнуть под каток сталинского "правосудия"» (Из письма А. Монастырского).

Каждый из этих случаев мал, ничтожен и ничего не значит. Но если их собрать вместе — разгадка: вывели стукачку.

СТУКАЧИ

«Пазл Немиринская — Эрлих был неожиданно подтверждён позже, в 1970-х годах выходом пропагандистской антиизраильской агитки — небольшой книги под названием "Битые ставки", написанной Юзефом (Зусем) Эрлихом. В ней он упоминает Хорола уже в качестве "эмиссара" Натива», — написал мне в письме А. Монастырский.

Книжка Ю. Эрлиха вышла в 1982 году.

Сделаем отступление. Эрлих умер в октябре 1997 года. Во всяком случае, Авраам Шифрин посвящает ему большую статью-некролог «Смерть героя» [16] («Вести», 15.10.97), в которой он рассказывает о подпольной сионистской деятельности Эрлиха. В течение нескольких лет Шифрин дружил с Эрлихом и доверял ему. К тому времени Эрлих уже не работал в третьесортном клубе, а был редактором областного телевидения, круг интересов и задачи стали шире. «Братья Михаил, Марик и Игорь Хазины, Галя Ладыженская, Блюма, Саша, Толик Альтман — будущий участник "самолётного дела", Исай Авербух, Рэйза Палатник, — всех не упомнить» — пишет А. Шифрин. Это те, кого Эрлих видел у Шифрина

Даже написанная Эрлихом книга «Битая карта» не смущала Шифрина. «КГБ написало, КГБ заставило назваться автором».

Допустим, Е.П. Монастырская ошибалась, когда в страшные пятидесятые годы в одиночку искала и нашла провокаторов-зуктеров Немиринскую и её командира Эрлиха, которые посадили еврейских студентов. Прошли годы, и о деятельности Эрлиха знала «вся Одесса». Шифрин написал: «Однако евреи Одессы, считая его предателем, отгородились от него стеной ненависти. Многие приезжавшие из Одессы с гордостью рассказывали, какую "весёлую жизнь" они ему там устроили. Я скрипел зубами и молчал: всё равно сделать ничего было нельзя, ведь выехать Юзику не давали (куда ему было уезжать? — В. М.). Я даже не мог рассказать открыто о его героизме: ведь это сработало бы против него. Оставалось одно: тайно передавать ему приветы и заверения в своей любви... И вот он умер. Герой, о котором знали немногие. И даже похоронить его в Израиле нельзя».

«...лагерь учит быстро распознавать суть человека», — написал А. Шифрин в самом начале своего рассказа об Эрлихе. Увы, не всегда!

Несколько лет назад я прочитал воспоминания начальника особого отдела полка, который утверждал, что во время Второй мировой войны в каждом отделении как минимум был сексот-стукач, доносивший на своих солдат. Как минимум один на десять человек. И это считалось армейской нормой. Воевали вместе, а стучали порознь. Наверно, такие же нормы были и в университетах.

* * *

Но какова Неля Немиринская: любимого человека отправила на эшафот! «Железных женщин» воспитывал КГБ. Не хуже легендарного Павлика Морозова.

Жуткая была страна, жуткая. То, что долетело сегодня до

нас: Лиля Брик была агентом ГПУ и стучала на Маяковского и на все его поэтическое окружение, а ведь нас уговаривают, что она его и только его по-настоящему любила. Жена академика Ландау вроде бы тоже «постукивала». Литературный секретарь Горького Крючков писал на него отчёты-доносы. Ленин фактически приказал сыну Максима Горького стать политическим цензором отца и «агентом влияния» на него. Последняя жена Алексея Максимовича — Мария Игнатьевна Будберг, в девичестве Закревская, по первому браку графиня Бенкендорф, была двойным агентом ГПУ и английской разведки.

Моего соседа по камере посадила жена, рассказав в КГБ, что 25 лет назад, 18-летним парнем он (ещё жених, а не муж) один раз был на собрании троцкистской комсомольской организации. Подруга моей мамы на партсобрании сказала, что её муж был троцкистом. Через несколько лет посадили мужа, а чуть позже и её, как жену троцкиста.

Есть ещё примеры. Известны (скорее интересны) только верхушки. А внизу — доносы в парторганизацию на неверных мужей, доносы на соседей, доносы на сослуживцев — просто детсадовские игры. Но это было нормой.

А вот на низком бытовом уровне. В 1964 году я жил в большой коммунальной квартире около Центрального телеграфа в Москве. В одной из комнат нашей квартиры проживал кандидат физико-математических наук, сотрудник одного из институтов АН СССР. Было ему лет 35. К нему стала приходить и оставаться на ночь молодая женщина, аспирантка какого-то академического института, тоже физик. Одна из соседок по квартире написала донос в милицию, что в нашей квартире, в режимном районе Москвы, проживает женщина без московской прописки! И ведь приходил участковый милиционер выяснять подробности.

* * *

В студенческой группе был ещё один стукач — Вадим Шмиголь, увы, никаких подробностей я о нём не знаю. Мне о нём рассказал А. Монастырский.

Рассказывая о Хороле, я всё время сравниваю группу, к которой принадлежал Иосиф, со своей организацией СДР. На нас ведь тоже был написан донос. Член ОК (организационного комитета) СДР Владик Фурман, студент 2-го курса Рязанского Мединститута, после многочисленных разговоров на политические темы, сделал предложение вступить в нашу организацию студенту 1-го курса того же института Феликсу Воину. Феликс с готовностью согласился. Полный радостного возбуждения он бросился к любимой девушке Мягковой, тоже студентке-медичке, с одним желанием: привлечь её к нелегальной работе. Что произошло между ними, осталось тайной, но рука об руку они пошли в институтский комитет комсомола. А оттуда до расстрела Слуцкого, Фурмана и Гуревича осталось меньше, чем полшага.

Воин получил свои 25 лет, был некоторое время со мной на одном лагпункте в Майкадуке, но я с ним не общался. После освобождения и реабилитации (почти все остальные были освобождены по бериевской амнистии 1953 года) он уехал в Киев и закончил медвуз. Уже в Израиле я узнал, что он рано умер. Мучила ли его совесть, я не знаю.

Феликс был не единственным стукачом, но о других я толком ничего не знаю. И мы, и группа Хорола были одинаково обречены.

Согласно приговору Одесского областного суда в этой шестёрке Хорол, Щуровецкий и Гарцман были ведущими. Гарцман сделал шаг вперёд, он уже стал искать антисоветскую организацию, к которой можно было бы примкнуть.

В Москве в 1950 году, когда уже была создана наша подпольная антисоветская организация СДР [17], Боря Слуцкий говорил, что надо искать антисоветские организации по всему Союзу. Я к этому относился недоверчиво. И был глубоко неправ. Таких групп, полуорганизаций было много. Относительно много. Иногда просто рядом.

СУДЫ И ПРИГОВОРЫ

Но вернёмся в Одессу. Уже во время судебного разбирательства произошла неожиданная метаморфоза. Тихие мальчики стали вести себя как настоящие бойцы: Хорол, а за ним и Фланцбаум отказались от признательных показаний. В результате Хорол и Щуровецкий получили по 25 лет, четверо остальных — по 10.

13 июня 1953 года, через три месяца после смерти Сталина, приговор по делу Хорола был отменён и дело возвращено в Одессу на дополнительное расследование.

Я хочу обратить ваше внимание, что отмена приговора произошла ещё при Берии, которого арестовали 26 июня 1953 года.

29 апреля 1954 года состоялся повторный суд.

А за два месяца до суда, 18 февраля 1954 г., умерла в Инте Зинаида Осиповна Хорол. Иосиф не знал о смерти матери, но беду он чувствовал.

В обвинительном заключении подробно пересказываются обвинения, выдвинутые на первом процессе: Хорол *«высказывал антисоветские клеветнические измышления в отношении национальной политики советского правительства и якобы ограничения некоторых национальностей во время приёма в высшие учебные заведения»*

Приговор Судебной коллегии по уголовным делам Одесского областного суда 28–29 апреля 1954 года. Стр. 1

Во втором (от 07.04.54 г.) обвинительном заключении указано, что Хорол утверждал: *«Приём лиц еврейской национальности в высшие учебные заведения якобы по указанию советского правительства ограничен до 12% от общего числа поступающих в*

ВУЗы». Далее Хорол утверждал, что «будто между коммунистами и троцкистами не было идейных расхождений, а была якобы только борьба за власть».

На семинарах в университете «*неправильно толковал отдельные вопросы марксизма-ленинизма, клеветнически оценивал роль коммунистической партии*» (Обвинительное заключение по делу № 5220, 7 апреля 1954 г. Стр. 2–3).

На судебном заседании Иосиф вёл себя вызывающе: «*Высказывания подсудимый Хорол подтвердил и в данном судебном заседании. Однако объясняет, что такие высказывания он не считает антисоветскими, это его убеждения*» (Приговор от 28–29 апреля 1954 года. Стр. 2.)

Появились и новые обвинения — «*предпринимал меры к тому, чтобы совершить побег, что намеревался осуществить с применением специальных средств*». Иосиф просил своих одесских знакомых прислать ему различные фотографии, еду и «*яду в количестве необходимом для отравления двух человек*».

Оставим в стороне очередные фантазии следствия и суда относительно «*отравления двух человек*». Обращаю внимание на самое главное: человека вызвали на переследствие.

Ещё не начались массовые освобождения 1956 года. Всего лишь год назад умер Сталин, арестован и расстрелян Берия с компанией. Юридическая система начала сдвигаться. Но кто-то же постарался, чтобы Иосифа и всю компанию вызвали на переследствие. А. Монастырский утверждает: «*Революционные заслуги и одержимость моей бабушки плюс материальная поддержка Щуровецкого-старшего, видимо, повлияли на то, что их дело пересматривалось в "первом эшелоне" ревизии "культа личности"*».

Здесь уместно упомянуть ещё одного достойного и мужественного человека. Розенгауз Семён Львович был известным в Одессе адвокатом. *«Бабушка была дружна с ним и его женой Дорой Марковной. Семён Львович консультировал бабушку в её священной борьбе за спасение детей на протяжении всего периода этой борьбы, — пишет А. Монастырский. — Я убеждён, что его профессиональные консультации сослужили неоценимую службу в судьбе всех подельников»* (Из письма Монастырского ко мне. — В.М.).

Я хочу в это поверить. Но Розенгауз не был официальным адвокатом ни Л. Монастырского, ни одного из пяти его друзей. В суде в 1951 году группу «Малый совнарком» представляли адвокаты Вовренюк, Рейзина, Печенюк и Тихонова. Адвокат Вовренюк защищал и Зинаиду Осиповну Хорол через год.

Но в суде 1954 года свою защиту осуществлял сам Иосиф, что допускается законом. Иосиф взял на себя защиту потому, что ни один советский адвокат, принявший условия Хорола, официально не мог бы защищать его в суде. Значит, консультации Розенгауза были частные, в рамках дружеских услуг.

Сразу после смерти Сталина в 1953 г. Марк Бернардович Щуровецкий, отец Бориса Щуровецкого, поехал в Караганду и получил свидание с сыном. Я уже писал, что Марк Бернардович был великим человеком. Боря очень подробно написал о своём деле. Его записи, неофициальные советы Розенгауза и финансовая поддержка Марка Бернардовича привели к движению: дело «Малого совнаркома» стало пересматриваться.

Но я глубоко убеждён, что без Москвы здесь не обошлось. Была «рука Москвы». Была. Не могла Одесса самостоятельно принять решение о пересмотре дела с последующим освобождением. Поездки Фиры Борисовны Монастырской в Москву на этот раз были успешны. Результат — решение Судебной коллегии:

«13 июля 1953 года Судебной коллегией по уголовным делам Верховного суда Союза ССР приговор по делу 5220 отменён и дело возвращено к доследованию со стадии предварительного следствия».

* * *

Шестёрку привезли в Одессу, и всё началось сначала. Но подследственные были уже другими.

Иосиф считал, что пересмотр их дела — признак ослабления государственной власти. На власть надо давить, и тогда или все её судебные решения, или значительная их часть будут отменены. А с отменой судебных решений изменится политическая обстановка в стране, что приведёт к уменьшению антисемитизма. Поэтому на переследствии и в суде надо вести себя агрессивно и настойчиво напоминать, что должно быть найдено политическое решение.

Точка зрения его подельников была абсолютно другой: «Никакой политики, никакого участия ни в политической, ни в социальной жизни. Антисемитизм есть во всех странах, с ним надо жить, к нему приспосабливаться. Нам хватит лагеря! Хотим домой!»

Вместо борьбы — мирное сосуществование с антисемитизмом. Обсудить со своими друзьями свою позицию Иосиф не мог: все они были в тюрьме, в изоляции. Каждый выбирал свой путь независимо и самостоятельно. Один Иосиф Хорол против пяти.

Иосиф не воспользовался этой неизвестно откуда пришедшей поблажкой. На втором суде он заявил, что всё сказанное и сделанное им — ЭТО ЕГО УБЕЖДЕНИЯ. Я думаю, что такое поведение на суде, если не единственное в советской истории тех лет, то редчайшее.

Надо сказать, что юридическое начальство Одесской области поступило осторожно и разумно, выделив из «Дела 5220» Хорола, и представив пять его подельников в отдельном деле. Пять подельников Иосифа были освобождены из-под следствия за недоказанностью преступлений: их освободили в январе 1954 года, а у Хорола состоялся повторный суд. Мать Иосифа еще была жива.

Ещё один юридический казус. У Хорола сняли пункт 11. Пункт 11 статьи 58 (по украинскому УК статья 54) не имеет собственного срока наказания, но является отягощающим довеском. Групповое действие влекло за собой всегда более длительное наказание. У Иосифа было 5 подельников. Теперь они исчезли. Снятие 11 пункта с Иосифа должно было привести к автоматическому облегчению наказания.

Новая генерация политических заключённых, говорящая о своих политических взглядах, появилась позже. Может быть, Хорол был одним из первых в этом героическом ряду.

В суде он заявил: «Я считаю, что у нас нет свободы слова. Наша печать освещает заграничные события неправильно, лживо...

...Сейчас так же стоит вопрос о евреях, как стоял раньше о калмыках и татарах.... Все правители Демократических стран — это ставленники Кремля и держатся лишь за счёт наших войск. ...Я считаю, Советский Союз является диктаторским по отношению к странам Народной демократии.

Как я уже заявил на предыдущих допросах и ещё раз заявляю в настоящее время, это мое выступление в Одесском облсуде соответствует моим убеждениям и таких убеждений я придерживаюсь и сейчас...» (Обвинительное заключение от 7 апреля 1954 г. Стр. 4).

Это уже был не робкий студент. Перед судом стоял политический противник, боец, со своим мировоззрением.

За эти «свои убеждения» по пересмотренному делу ему дали 10 лет. Новые веянья в судебной системе стали докатываться и до Одесского суда.

Пятерых освободили. Это была победа в первую очередь Фиры Борисовны Монастырской, Марка Бернардовича Щуровецкого и покойной Зинаиды Осиповны Хорол.

Но это и победа Иосифа Хорола, который ценой своей свободы сумел защитить свои убеждения. Это и есть политический борец, политический лидер.

СЕМЕЙНЫЕ ИСТОРИИ

Иногда как бы через силу Иосиф рассказывал о своей семье. Его родители разошлись ещё до войны. Ему крайне неприятно было об этом говорить. Он жил с матерью и бабушкой. У отца была другая семья. Несмотря на развод, отношения между родителями были более или менее корректными. Почти каждый день отец встречался с Иосифом и помогал матери. Конечно, мать была ущемлена разводом, и Иосиф об этом знал и понимал обиду матери. Ей в 1940 году было 32 года. Молодая женщина. Замуж она больше не вышла.

Может быть, развод был связан с краткосрочным предвоенным арестом отца Иосифа. Кто мог знать, на сколько кого посадят? Для того чтобы сохранить жену и детей, разводились. Иногда развод помогал. А обратно не всякая семья могла склеиться. Оставались заслуженные и незаслуженные обиды.

В рассказах Иосифа проскальзывало влияние семьи: тётушка, кажется, сестра отца, бывшая владелица сахарного завода на юге Украины, считала, что для еврейского мальчика самая достойная специальность — это адвокат, и мечтала увидеть Иосифа в чёрной мантии. Уже много лет была советская власть, судейские чиновники — прокуроры, судьи, адвокаты — не носили мантии (у прокуроров была особая форма), да и тётушка была не дремучей столетней старухой, а ровесницей

Зинаида Хорол, 1949 г.

отцу и матери, но всё равно, адвокат представлялся ей носителем гуманизма. Обязанность адвоката — приносить в мир законность, сострадание, помощь. Ещё может быть, доктор. Эта скрытая мечта еврейских родителей — видеть своих детей в чёрных мантиях или в белых халатах.

Были и смешные истории. Однажды отец Иосифа был по каким-то делам в Крыму. В 1944–1945 годах бывший царский дворец в Ливадии ремонтировали для проведения там Ялтинской конференции (январь 1945 года). В некоторых комнатах сняли царский паркет и заменили на новый. (Может быть, он был повреждён?) Старый паркет бросили в каком-то сарае. Отец Иосифа узнал об этом, купил весь паркет по цене мусора и привёз в Одессу. Может быть, у него были свои планы, но они не реализовались. Так и остался царский паркет в Одессе неиспользованным. Может быть, его ещё и найдут.

ТУФТА

Наши бесконечные споры, дискуссии только теперь закончились. Однажды я спросил: «Иосиф, ты в Дубовке работал в шахте?» Иосиф насмешливо на меня посмотрел: «Белые люди в шахтах не работают».

Перед самым моим освобождением, в тюрьме на Лубянке моим соседом был Латкин-Турков [18], друг и подельник Кости Богатырёва [19]. В Инте Латкин-Турков сидел некоторое время с Каплером, который тянул уже второй срок и тоже говорил: «Белые люди в шахтах не работают». Одна и та же фраза. Случайно ли? Это не было пренебрежением к тяжёлому и опасному труду шахтёра. Тогда что? Нежелание работать на начальника. Нежелание приносить советской власти хоть какую-нибудь ощутимую пользу. Как пели в Тавде:

«Дайте в руки мне пилу — самую большую,

Я вам кубик напилю, больше ни в какую».

Иосиф Хорол на стройке, 1955 г.

У меня не получалось «кантоваться». Я был всё время на общих работах. Постепенно и я научился «работать, чтобы не работать», «давать стране угля, хоть мелкого, но до...», «туфтить» и т. д. Но всё это не сразу и с трудом. Фраер есть фраер. Я так им и остался. Но никогда мне на советскую власть не хотелось работать. Потом, на свободе, в течение 20 лет после освобождения, я каждый день с раздражением уходил на работу. Каждый день был проклятый.

Сегодня смешно вспоминать, как я летом 1952 года в Караганде на строительстве инвалидного дома (лагерные специалисты уверяли, что строят жилгородок для военных лётчиков. И только смерть Сталина помешала сделать эту стройку военной) затыкал щель между бортом самосвала и кузовом, чтобы из неё не вытекал бетон. Быстро отучился. Но был-то фраером! Надо мной добродушно смеялись. Государству нельзя было приносить пользу. Ответом на подневольный труд была туфта. В словарях есть много интересных толкований слова «туфта», мы в основном его применяли как синоним слову «халтура», то есть как быстрая, недоброкачественная работа, включающая приписки.

Вот типичный пример туфты. Надо закопать зимой столбы. То ли под забор, то ли под линию электропередачи. По правилам надо закапывать столб метра на 2,5–3. Никто из заключённых так не работал. Яму копали на метр, затем ставили столб, забивали комьями мёрзлой земли и заливали водой. Столб вмерзал до весны. Вот это и есть туфта.

Другой пример. Стенка жилого здания должна быть толщиной в 2,5 кирпича. Крайние кирпичи укладывали аккуратно, а середину заваливали мусором, битым кирпичом и заливали раствором. Это тоже туфта.

* * *

И ещё несколько слов о туфте. Нам было очевидно, что экономика, построенная на всеобщей туфте, не может быть успешной. Туфтили не только в лагерях, что вроде бы понятно, туфтили и на военных заводах, когда некачественные самолеты отправляли на фронт, и они там разбивались (дело маршала Новикова и министра Шахурина), в проектных организациях, на строительстве, в колхозах и т. д. Между прочим, Абакумов, тогдашний министр ГБ, очень профессионально собрал материал по авариям в армейской авиации во время войны. «С ноября 1942 по февраль 1946 года произошло более 45 тысяч невылетов самолётов на боевое задание, 756 аварий и 305 катастроф по причине неполадок материальной части». Такое количество неисправностей требовало организационного и инженерного анализа и объяснений.

Я не говорю, что Новикова, Шахурина и других надо было судить и пытать. Отнюдь. Я говорю только о выявлении причин. Не знаю, был ли такой анализ сделан. Вредительства не было. Была система туфты. И Сталин это понимал.

Сталин к докладу Абакумова отнёсся скептически. Он понимал, что война требовала массированных поставок техники на фронт, и если бы руководители авиапрома и ВВС посмели «тянуть волынку», проводя все испытания и приёмку машин исключительно по букве инструкций, то были бы расстреляны ещё в 1942 году. А поскольку наша авиация сломала хребет «Люфтваффе», значит, большинство самолётов, поступивших в Красную Армию, были всё-таки достаточно высокого качества. Поэтому Сталин потребовал от Абакумова перепроверить данные: нет ли натяжек, не желают ли выслужиться на громком деле некоторые работники «Смерш».

При всей своей требовательности Сталин прекрасно понимал, что фактор всеобщей туфты присутствует, и он допустим, но преодолим. Однако это было его заблуждением.

В лагере было много инженеров и других руководящих работников, которые рассказывали о разных случаях туфты в промышленности и с/х.

Совокупность туфты, халтуры, приписок, недобросовестности, краж должна была привести когда-нибудь к кризису в экономике.

После смерти Сталина туфта приняла почти открытый характер. Уже после лагеря стало известно, что секретарь Рязанского обкома Ларионов публично, вопреки мнению специалистов, взял невыполнимые обязательства по животноводству. В результате он привёл Рязанскую область чуть ли не к кризису. Весь механизм туфты стал известен. Ларионов застрелился. Механизм приписок — туфты в строительстве — прекрасно изобразил Войнович в повести «Хочу быть честным».

Туфта не закончилась со смертью Сталина, устранением Хрущёва и смертью Брежнева. Туфта была органической составляющей советского строя. Её последствия нет-нет, да и выпрыгивают сегодня.

В 1980 году были впервые зафиксированы неполадки на втором блоке Саяно-Шушинской ГЭС. Их не устранили ни сразу, ни через 20 лет, в 2000 году, когда Чубайс подписал акт приёмки станции, ни ещё через 9 лет — вплоть до аварии. Вот что такое туфта на государственном уровне.

И ещё пофигизм, то есть наплевательство: «не моё, Москва всё спишет». А отсюда низкий уровень добросовестности персонала. Авария в Чернобыле случилась исключительно из-за неквалифицированности персонала. Сколько лет такое государство могло жить?

* * *

Ещё одна грустно-смешная история. В Москве незадолго до нашего отъезда знакомый художник рассказал нам, «как бог наказал Налбандяна». Налбандян — довольно известный советский художник-портретист, лауреат Сталинских премий. Портреты Сталина и членов политбюро писались в большой спешке (по крайней мере, в сороковые годы), на плохо загрунтованном полотне, и в конце шестидесятых — начале семидесятых краска начала трескаться и осыпаться. Наш знакомый художник, смеясь, говорил: Рафаэля реставрируют через 500 лет, а Налбандяна через 20. Рафаэль никуда не торопился, а Налбандян спешил за Сталинской премией.

Прошло много лет, и однажды Иосиф говорит мне: «Ты когда-то рассказал историю про Налбандяна, а я тебе расскажу историю про Вучетича. Его памятник на Малаховом кургане уже в аварийном состоянии. Сколько лет, как его поставили, 25–30? Халтура, туфта вошла в плоть и кровь. И искусство тоже стало халтурой».

ДЕТИ И РОДИТЕЛИ

Но вернёмся в Одессу. Арест группы еврейских студентов с юрфака, куда входил и Иосиф, в январе — апреле 1951 года был для Одесского университета полной неожиданностью. Ещё большей неожиданностью стал арест для всех семей. Родители, особенно матери, еврейские матери, бросились выяснять, за что посадили их детей, и можно ли им каким-либо образом помочь.

Наверное, самым влиятельным был отец Бориса Щуровецкого — Марк Бернардович. Должность у него была небольшая, но очень сытная — он руководил всеми предприятиями масло-бойной промышленности в Одесской области. И это в полуго-лодной Одессе и голодающей Молдавии. Всё начальство хотело хорошо и сытно кушать. Ведь только-только прошла война. Воз-можности Марка Бернардовича были почти безграничны. Мало кто мог ему отказать в какой-либо просьбе. Но даже он не смог ничего сделать. Ему отказали. Ничего он не узнал. И масло не помогло. На МГБ его влияние не распространялось.

Должен, обязан отметить Марка Бернардовича Щуровецкого. Он был великим человеком. В любой другой стране он бы стал на-стоящим и заслуженным миллионером. В послевоенной Одессе, «в районе легендарной Пересыпи при маслобойне он организовал подсобный цех — изготовляли ХАЛВУ, в послевоенные годы ка-кой товар! Знания, предприимчивость, готовность на "разумный риск" — вот источник достатка и возможности активно участво-вать в попытках спасти детей» (Из письма А. Монастырского).

Да, да, так оно и было, он организовал по собственной ини-циативе цех ХАЛВЫ. Вы знаете, что такое халва в послевоенном СССР? Это лакомство, это продукт только для детей. И это ла-комство стало доступным. Халва не была очень дорогой, и её могли покупать детям. И мне что-то перепало.

В 1954–1955 годах, уже после освобождения Бориса Щуро-вецкого я пробыл год в закрытой тюрьме в Богучаре Каменской области. В городе Богучаре и соответственно в ларьке Богучар-ской тюрьмы не было сахара. Сахара нет, а спрос есть. Сахар за-менили халвой. Мы покупали в ларьке халву большим куском, вразвес, а потом её делили на шестерых. Точно по кусочку, как по булькам делят водку. Это, можно сказать, был привет мне от Бори Щуровецкого.

* * *

Независимо и параллельно со Щуровецким-старшим в борьбу включилась мать Монастырского — Фира (Эсфирь) Борисовна Зингер-Монастырская.

Фира Борисовна была личностью незаурядной, сложной. Она происходила из небогатой религиозной семьи, в которой лишний рот, даже детский, имел значение. «В люди», то есть работать на Одесскую табачную фабрику, она пошла для еврейской семьи того времени очень рано: в шесть лет. В очень молодом возрасте примкнула к революционному движению. После революции пошла учиться. Окончила медицинский институт и стала санитарным врачом.

Функции санитарного врача были необыкновенно широки. В них входили предупредительные методы здравоохранения, наблюдения за окружающей средой с целью предупреждения эпидемий. А также санитарные врачи контролировали санитарное состояние продуктов питания во всех точках распределения: в продуктовых магазинах, общественных столовых, всякого рода буфетах и даже в «закрытых распределителях», где получали продукты советские начальники всех сортов. Санврач обладал административно-запретительным правом в текущем надзоре.

Всё это называлось «социальная медицина», и это соответствовало характеру и мировоззрению Фиры Борисовны. Но характер у Фиры Борисовны был очень тяжёлый. Она была властная, вспыльчивая, острая на язык, «по-большевистски принципиальная». Занимая в разное время различные партийные и административные должности, связанные с чистками и репрессиями, она оставляла за собой не только друзей, но немало недоброжелателей.

Её влияние было совсем не коммерческого характера: она врач, старая большевичка со своими партийными связями. До войны участвовала в разных чистках как в Москве, так и на Украине и в конце концов нашла «тихий приют» в родной Одессе — стала освобождённым секретарём парткома Одесского мединститута. Совсем неплохое место. Я бы сказал, влиятельное. Во время войны Фира Борисовна работала в советском комитете Красного креста, занимала там пост начальник управления всеми эвакуированными лечебными учреждениями Красного креста в Средней Азии. Это соответствовало должности заместителя министра здравоохранения. Мало сказать, влиятельное — ещё и сытное место!

Я опять пишу «сытное место, сытная должность», потому что моё детство и юность прошли во время войны и сразу после неё, когда каждая крошка хлеба была на счету, когда люди, в том числе моя семья, голодали и знали настоящую цену и хлебу, и маслу, и больничной койке.

После войны в Москве Фире Борисовне устроиться не удалось. Ни былые заслуги революционера, ни личная преданность вождю, ни высокая должность замминистра — всё это не имело значения: евреев активно стали вытеснять с административно-партийных должностей. А уж о женщине под пятьдесят и говорить нечего. Пришлось ей вернуться в родную Одессу, и здесь она устроилась на должность санитарного врача. По воспоминаниям её внука А. Монастырского, «в те годы в доме не было недостатка в продуктах вышеуказанной (мясомолочной — В. М.) промышленности, подкармливались даже родственники — и не боялись (!?), но, тем не менее, факт. Даже учитывая описанный мной достаток, знаю, что возможностями своими она не злоупотребляла, наличных денег, свободных, всегда не хватало».

К моменту ареста сына, в мае 1951 года, она была главным санитарным врачом мясомолочной промышленности Одесской области. Вполне влиятельная фигура с сильными связями в медицинских кругах и среди руководителей пищевой промышленности. Надо понимать, что значила пищевая промышленность после войны и как от этой отрасли зависели все без исключения начальники. У санитарного врача были огромные права и возможности.

Разгневанная арестом сына, Фира Борисовна пришла в райком партии и сказала: «Если мой сын преступник, то я не могу быть членом партии». И положила на стол свой партбилет. Это пример величайшей отваги, мужества и отчаянья. Уж кто-кто, а она знала, что за такой поступок могли и посадить. С ней поступили вполне корректно — не арестовали, просто попросили забрать свой партбилет назад и пообещали, что «органы разберутся».

ЗИНАИДА ОСИПОВНА ХОРОЛ

Третьей матерью, которая бросилась защищать своего сына, была Зинаида Осиповна Хорол.

В Одессе с ней никто не хотел разговаривать — скромная женщина без всяких связей. Тогда Зинаида Осиповна поехала в Москву «за правдой». «За правдой» поехала и Фира Борисовна, но действовали две мамы порознь, не общаясь друг с другом, более того, избегая друг друга. По-видимому, это было весной, может быть, в начале лета 1951 года. В конце ноября одесскую группу уже осудили.

Зинаиду Осиповну Хорол в Одессе откровенно боялись. Арест сына, неудачные хлопоты в Одессе и в Москве привели её к сильной депрессии. Родители подельников Иосифа не понимали её состояния и считали, что «она напрашивалась» на арест. Характер у Зинаиды Осиповны был неуравновешенный, арест сына, хождение по начальству, унижение, с которым она сталкивалась ежедневно, совершенно расшатали её нервы. Страх за сына. Бессмысленность своей жизни...

Встретив на улице друзей сына или родственников кого-то из подельников Иосифа, «она в полный голос начинала проклинать Советскую власть, "доблестные" органы и мудрых руководителей этого всенародного счастья, оперируя именами "любимых" руководителей, не взирая на уличных свидетелей "концерта"» (Из частного письма А. Монастырского). Люди от такого откровения шарахались, переходили на другую сторону улицы, боялись любой встречи с ней. Не будем судить их строго: страх. Наши современники знают и понимают, что такое страх. В конце концов, её посадили. У шестерых ребят было 46 родственников, а полностью испить чашу пришлось ей одной.

В стрессовом состоянии находились и другие родители, например, Фира Борисовна: «Обезумевшая бабушка пошла в органы, положила на стол партбилет». Это признак глубочайшей депрессии, когда человек перестаёт адекватно соображать. Что касается того, что «былые заслуги и репутация бабушки были столь велики, что на ней арест сына никак не отразился», то, я думаю, А. Монастырский, который написал вышеприведённые строки, слишком идеализирует ситуацию. Не пришло, к счастью, время для Фиры Борисовны. С не меньшими заслугами получали по «заслугам».

* * *

10 месяцев следствия! Ребят били, пытали. Иосиф не рассказывал об этом, но иногда мимоходом вдруг бросал:

– Меня допрашивал следователь-грузин. Он вместо «б» произносил «п». Вот он мне на допросе говорит: «Пить будем, пить будем!» А я не понимаю, говорю: «Да я не хочу пить». А он мне: «Все не хотят! Пить будем»... Потом только дошло до меня, что он говорит «пить» вместо «бить». Когда уже бить стали всерьёз...

Может быть, именно тогда Иосифу отбили внутренности (поджелудочную железу, желудок).

* * *

Здесь надо отметить одну особенность. Все родители арестованных еврейских ребят были знакомы или до ареста, или познакомились после, и вели себя по-разному, но тихо. Только Зинаида Осиповна Хорол возмущалась вслух, открыто. Поэтому её побаивались другие родственники арестованных, с ней не хотели встречаться.

Просто сказать — поехать в Москву. На дорогу нужны были деньги, где-то надо было поселиться, на что-то существовать. Никаких гостиниц. Кто бы её пустил в гостиницу? Нужны были деньги, деньги и ещё раз деньги. Марк Бернардович Щуровецкий помог, а может, и полностью оплатил расходы Фиры Борисовны Монастырской. Могучий был человек. Но с Зинаидой Осиповной он боялся встречаться. Боялся. И не надо его за это строго судить. Сегодня легко быть смелым.

Несмотря на свою партийность и связи, несмотря на многократные поездки-обращения в Москве, Фира Борисовна не добилась встречи с высокопоставленным начальником.

Но этого добилась Зинаида Осиповна. Она не была большим партийным начальником, она не была и гешефтмахером. Секретарша, машинистка. Скромная работа, очень скромный заработок. Расходы на поездки оплачивали отец Иосифа, сестра и другие родственники. Нужно было иметь нечеловеческую волю и нечеловеческое везение, чтобы попасть на приём к Берии. Из Одессы, из провинции да прямо к Берии, который то время уже несколько лет не был министром госбезопасности. До конца июля 1951 года министром был Абакумов. (За Абакумовым пришел в МГБ Игнатьев). Но кто из обычных людей знал Абакумова (и Игнатьева)? Даже я, сильно интересовавшийся политикой и член не выдуманной, а настоящей антисоветской организации, ничего о нём не слышал.

Мать Иосифа пошла прямо к Берии. Берия был вершителем судеб! И к полному удивлению всех, была им принята. Всесильный Берия, зампред Совета министров СССР, то есть заместитель Сталина, человек необыкновенно влиятельный, властный, всемогущий принял провинциальную еврейку из Одессы, города анекдотов, города еврейских скрипачей и писателей, абсолютно несерьёзного города — это невероятно, это чудо.

Я не верю, что просто так, случайно она могла попасть на приём к Лаврентию Павловичу. Да и особенно молодой она уже не была в то время (ей было за сорок), так что привлечь внимание женскими чарами она не могла. Итта Хорол мне рассказала, что у Зинаиды Осиповны был какой-то близкий друг, хороший знакомый Александры Михайловны Коллонтай. Может быть, Коллонтай попросила Берию принять Зинаиду Осиповну? Коллонтай была ещё жива, хотя и тяжело больна. Была не у дел, но пользовалась большим влиянием и авторитетом. Впрочем, это только мои предположения. Очень вероятно, что тот человек и помог вторичному рассмотрению дела Хорола в 1954 году? Фигура должна была быть достаточно влиятельная в юридических органах. Ответа нет. Я не знаю, знал ли его Иосиф.

Можно только предположить, как Зинаида Осиповна надеялась на встречу с Берией. Но чудеса бывают хорошие и плохие. Ничего хорошего из этой встречи не получилось. Помочь Берия отказался. Тогда Зинаида Осиповна стала на него кричать и замахнулась — наверное, хотела ударить. Но самое главное, самое страшное, что она пригрозила, что пойдёт на израильский корабль и расскажет, как обращаются с еврейскими детьми в СССР.

В это время в Одессу стали приходить корабли из Израиля с апельсинами, на которых были наклейки JAFFA (произносили одесситы — «джафа»). Все евреи города выходили посмотреть на израильтян. Не знаю, виделась ли она с израильтянами, но повсюду в Одессе она рассказывала о невинно посаженных детях. Полгода ушло у КГБ на раздумье, что делать с этой одержимой еврейкой, что не ведала страха.

* * *

Её арестовали 13 февраля 1952 года, через год после ареста Иосифа, через три с половиной месяца после его осуждения. А уже через полтора месяца, 31 марта, её осудили. Как проходило её следствие, точно не известно.

Странное совпадение: 13 февраля 1952 года Военная коллегия Верховного суда СССР вынесла приговор по моему делу: троих расстрелять, десятерым — по 25 лет, и троим — по 10.

А вот как звучал приговор Одесского областного суда по делу

Зинаиды Осиповны Хорол:

«Исследовав дело в судебном заседании установлено, что обвиняемая являясь еврейским националистом и будучи недовольна национальной политикой Советской власти систематически проводила среди своего окружения антисоветскую агитацию, в которой клеветала на Советскую власть, руководителей советского государства, органов МГБ и суда. Ее враждебная деятельность антисоветского националистического характера началась ещё в 1948 г., когда её сына Хорола Иосифа не зачислили в Гос. Университет и ярко выражена затем в 1951г., после ареста её сына, как еврейского националиста, которая затем неоднократно продолжала возводить клевету на органы советской власти, советскую печать, высказывая своё стремление связаться с представителями государства Израиль и написать им о деле, по которому арестован её сын и др. антисоветского содержания высказывания» (Приговор Одесского областного суда от 31 марта 1952 г. Стр. 1).

Государство надевало на евреев узду, не пускало учиться, но сказать об этом было нельзя: это считалось националистической, антисоветской деятельностью. Сказать правду означало «клеветать на советскую действительность». Сказать правду о том, что государство организует антисемитскую травлю и в этом замешаны самые крупные партийные и государственные чиновники — Маленков, Суслов, Берия, Абакумов, — означало «клеветать на руководителей партии и правительства». Били и плакать не давали.

Обратите внимание: всплеск «националистических» высказываний у Зинаиды Осиповны приходится на 1948 и 1951 годы, когда Иосифа не приняли в ОГУ и когда его посадили. Но это ведь и есть естественное беспокойство матери!

31 марта 1952 года Зинаиде Осиповне Хорол дали 25 лет ИТЛ и 5 лет поражения в правах. Так оборвался крик о помощи, о спасении детей.

НАШИ МАМЫ

Не первая и не единственная Зинаида Осиповна Хорол думала, что, попав на приём к большому начальству, она сумеет объяснить, что её сын и его друзья ни в чём не виноваты. И она была не единственной матерью, которую арестовали после ареста детей. По сталинским нормам дети отвечали за «грехи» родителей, а родители за «грехи» детей.

Небольшое дополнение. Шестью годами раньше, в 1944 году, в Москве была арестована группа молодежи [20], в основном студентов (13 человек, в числе которых были Фрид, Дунский, Левенштейн, Левин, Михайлов, Бубнова, Ермакова и т. д.), которым инкриминировали подготовку террористического акта против Сталина.

Две матери арестованных — Левина Ревекка Сауловна и Кизельштейн Зинаида Самуиловна — добились приёма у министра госбезопасности Меркулова.

Дальше я хочу привести выдержку из воспоминаний Виктора Левенштейна (с его разрешения): «Но тут вмешались мамы. Моя мама сразу после моего ареста установила контакт с родителями Шурика Гуревича и с Зинаидой Самуиловной Кизельштейн, мамой Юры Михайлова. Когда арестовали Мишу Левина, к ним присоединилась мать Миши, Ревекка Сауловна Левина. У этих мам были связи. И они решили действовать.

Ревекка Сауловна в то время была человеком влиятельным

— членом-корреспондентом Академии наук СССР, заместителем директора Института мирового хозяйства и мировой политики. Директором института был академик Варга (от себя добавлю, что Варга был в то время ещё в многолетней и очень доброжелательной переписке со Сталиным. Сталин высоко оценивал труды Варга и даже цитировал его. Потом дружелюбие исчезло. — В. М.). Кроме того, она была научным руководителем диссертации Панкратовой, автора учебника истории СССР, одобренного Сталиным. И Панкратова, и Варга были членами ЦК КПСС, и где-то там на цэковском уровне они попросили наркома госбезопасности Меркулова принять Ревекку Сауловну.

С такой же просьбой обратился к наркому известный кинорежиссёр Михаил Ромм, который был кузеном и близким другом Зинаиды Самуиловны Кизельштейн. А Ромму отказать было трудно: Сталин любил его фильмы, ценил мнение режиссёра и приглашал его по ночам в Кремль показывать новинки кино.

Меркулов принял обеих мам и сказал им, что следствием установлено, что их сыновья участвовали в подготовке покушения на жизнь Вождя. И они поняли, чем это грозит их детям. Зинаида Самуиловна рассказывала моей маме, что Ревекка Сауловна стала кричать:

– И вы хотите, чтобы мы в это поверили?! Вам стыдно должно быть! Война идёт, а вы, вместо того чтобы делом заниматься, детей хватаете и выдумываете идиотские обвинения! Сталина они убивать готовились?! Ещё какую небылицу выдумаете? Я — член партии с 1918 года, вы тогда ещё под стол пешком ходили! Я своего сына знаю и никогда не поверю вашим выдумкам! Это — преступление перед партией — то, чем вы тут занимаетесь!

И не помня себя, замахнулась на наркома стоящей на его столе тяжёлой чернильницей.

Зинаида Самуиловна говорила, что страха перед Меркуловым у них не было: они понимали, что жизнь их детей под страшной угрозой.

Помимо этого визита, они добились того, что с просьбой лично разобраться в нашем деле обратились к наркому академики Варга и Леонтович, и Михаил Ромм. В результате Меркулов, вместо того чтобы по тогдашней логике вещей арестовать обеих мам, обязал, по-видимому, разобраться в нашем деле высшую следственную инстанцию своего ведомства.

* * *

Следователям на Большой Лубянке, проверяющим дело по распоряжению высокого начальства, пришло, наконец, в голову ознакомиться с квартирой Нины Ермаковой, на которой, по утверждению следователей, готовилось «покушение на жизнь Вождя», а также с пулемётом Ваньки Сухова, с помощью которого это преступление предполагалось совершить.

И тут выяснились некоторые подробности. Оказалось, что, хотя адрес Нины был улица Арбат, дом 43, окна её комнаты и всей квартиры выходили во двор, а двор — на соседнюю улицу Молчановку. То, что мальчишки называли пулемётом, оказалось куском гнутого и искорёженного пожаром металла.

На волю в результате этих находок нас, однако, не отпустили. Более того, у всех арестованных по нашему делу осталось обвинение в терроре. Обвинение теперь было по статье 19–58 пункт 8. Статья 19 обозначала «намерение» [21].

* * *

Когда я в первый раз прочитал слова Ревекки Сауловны, сказанные Меркулову «Я — член партии с 1918 года, вы тогда ещё под стол пешком ходили!», то подумал, что Меркулов был моложе её лет на 10–15. Я знал, что Сталин мог назначить министром и тридцатилетних. Устинов и Абакумов в 33 года стали наркомами, один — вооружения, другой — госбезопасности, Косыгин в 35 — уже нарком, Тевосян и Малышев в 37 лет стали наркомами, а в 38 последний — зампредсовнаркома. Но прочитав биографию Меркулова, понял, что Ревекка Сауловна несколько погорячилась, когда упрекала его в малолетстве.

В действительности он был на 4 года старше Ревекки Сауловны. К 1918 году успел закончить с золотой медалью Тифлисскую гимназию (он происходил из офицерской семьи), проучиться три года на физмате Петербургского университета (это ведь по нынешним понятиям первая степень по математике — В. М.) и окончить Оренбургскую школу прапорщиков (то есть военное училище образца военного времени, подобные училища заканчивали многие советские генералы. Для более однородного состава курсантов весной 1916 года в несколько школ прапорщиков, в числе которых была и Оренбургская, принимали только студентов. Срок обучения в школе был 4 месяца), и даже немного повоевать на фронтах Первой Мировой.

А с 1921 года Меркулов работает ЧК. Правда, в партию он вступил только в 1925 году. Ближайший сотрудник Берия сначала в Закавказском ЧК и разведке, а потом в партийных органах на Кавказе. С 1931 по 1938 годы Меркулов не работал в органах безопасности, а был на партийной работе. В 1938 году опять переходит в органы, переезжает в Москву на должность первого заместителя наркома НКВД (то есть Берия). С января 1941 — нарком НКГБ, и опять нарком НКГБ с апреля 1943 года. Берия высоко ценил Меркулова. Я думаю, что Меркулов был одним из самых образованных сотрудников МГБ.

Ревекка Сауловна была с ним одного круга. Она в 19 лет вступила в партию, закончила Комвуз им. Свердлова, ИКП (31), и в 1939 году, в 40 лет (очень молодой возраст для экономиста), стала членом-корреспондентом Академии Наук СССР. Её рост в науке был таким же стремительным, как и карьера Меркулова в органах госбезопасности. Ревекка Сауловна кое-что знала и о госбезопасности: институт, где она работала в должности замдиректора, был «отстойником» для части нелегалов (шпионов), которые на «побывку» приезжали в СССР. Это и придавало ей смелости. Она всего на семь лет раньше вступила в партию, уже после революции. Её заявление «Я — член партии с 1918 года, вы тогда ещё под стол пешком ходили!» — это прямой намек на то, что Меркулов в 1918 году ещё не определил свое политическое будущее. На Меркулова можно было оказать давление, он внял мольбе. Реплика Ревекки Сауловны безусловно была оскорбительной.

* * *

Ситуация между московской и одесской группами очень схожа. И всё же при всей «схожести» была существенная разница: Меркулов сдержал ретивость следственных органов, а Берия, сказав вдогонку Зинаиде Осиповне пару слов, которые долетели до Одессы, только усилил наказание. В результате Иосиф получил 25 лет «исправительно-трудовых лагерей».

Разница была и в другом: в 1944 году еврейский вопрос ещё не был столь актуален, как в 1951. По мнению Левенштейна (а я думаю, что так оно и было) вмешательство Левиной и Кизельштейн спасло их группу от расстрела.

В случае Хорола на первый план выступила «разница»: в послевоенные годы еврейский вопрос стал ключевым во всей политике государственной безопасности. В это время готовился процесс ЕАК, начинало формироваться «дело врачей», «дело ЗИСа» [22], «дело Кузнецкого металлургического завода (КМЗ)» [23], смею нескромно напомнить, «дело СДР» и т. д. Вопреки желанию Сталина открытые процессы по ЕАК, ЗИСу, КМЗ так и не получились — осудили и расстреляли втихую, а против дела СДР сильно возражал министр Абакумов. Правда, потом всё-таки расстреляли, но не всех, а только (!) троих.

Не вовремя Зинаида Осиповна попала на приём к Берия. Да и не было у неё покровителей масштаба Варги, Леонтовича и Ромма. Не хотел Лаврентий Павлович проявить слабинку по еврейскому делу. Сталин требовал наказания. Абакумов не сумел организовать еврейские процессы и поплатился головой. Берия ценил и берёг свою голову. Отказ его вмешаться в еврейское дело ухудшил положение Хорола и его группы.

Ревекка Сауловна поплатилась за смелость через четыре года: в 1948 году её арестовали. Ей тогда много чего припомнили: и «политически плохо воспитанного» сына, и «тяжёлую чернильницу», и её еврейство, и политическую ревизию института в мае 1941 года, и поездку в Америку в 1931 году (как могло случиться, что в разгар коллективизации и голодомора специалиста-агрария выпустили в Америку навестить родителей? Мне плохо верится, что посещение родственников было основной целью поездки), и троцкистские связи. Когда её встретили после освобождения в 1954 году, она была глубокой старухой. Но сына и его друзей она спасла. Честь ей и слава. И от меня, бывшего зека, безмерное уважение.

* * *

Вот ещё одно свидетельство:

«На глазах у Варги были произведены аресты нескольких его сотрудников. В застенках МГБ оказалась член-корреспондент АН СССР Р.С. Левина, крупнейший специалист по аграрным проблемам капиталистической экономики. Перенесшая на Лубянке тяжёлый инсульт, Р.С. Левина впоследствии рассказывала Я.А. Певзнеру, что в МГБ от неё требовали признаний, будто она и арестованный в декабре 1947 г. бывший старший научный сотрудник, доктор экономических наук И.И. Гольдштейн (тот самый, которого в апреле 1946 г. не пустили в загранкомандировку) склоняли Е.С. Варгу к тому, чтобы формировать кадровый состав Института из евреев-сионистов. От И.И. Гольдштейна, сотрудничавшего со времен войны с Еврейским антифашистским комитетом (ЕАК), в МГБ выбивали также показания на С.А. Лозовского, И.С. Фефера и других руководителей ЕАК [24].

И.И. Гольдштейн умер в тюрьме в 1953 году. Ему был 61 год...

В Советском Союзе политический маятник качался, разбивая головы то одним, то другим: расстреляли и Абакумова, и Берия, и Меркулова. А они-то долгие сороковые — начало пятидесятых правили безопасностью, определяли её политику. Русская рулетка.

* * *

Арест родителей (и вообще родственников) не был уникальным явлением. По нашему делу были тоже арестованы родители. У Бориса Слуцкого — мать, сестра (отец погиб на фронте) и двое дядей, у Владилена Фурмана — мать, отец и старший брат, у Жени Гуревича — отец и мать, у Феликса Воина — мать (отец был расстрелян в тридцатые годы) и русская няня. У Гриши Мазура — двое дядей.

То ли наше дело сразу стало слишком громким и быстро вышло на министерский уровень, то ли не было достаточно сильных связей, а может быть, высокому начальству не захотелось видеть лица матерей арестованных подростков, но никто из родителей не попал на приём к министру.

*Владимир Мельников с мамой, 1955 г.
Караганда, Фёдоровка*

Моя мама формально в партии была с марта 1917 года. Фактически с 1916-го. Правда, она всего лишь закончила «Подготовку кадров красной профессуры» (это что-то вроде университета, если считать ИКП аспирантурой и докторантурой), но ни научную, ни партийную карьеру не сделала. Никогда я не видел и не слышал гордого закидывания головы и заявлений «Я с дореволюционным партийным стажем». Впрочем, все влиятельные знакомые моих родителей

(Бубнов, Кассиор, Марголин, Бергман, Якир, Корытный) к тому времени были уже расстреляны, и просить о помощи было некого.

Наиболее активными просителями пересмотра нашего дела были отец Иды Винниковой — Лев Моисеевич Винников и мать Владика Фурмана — Полина Моисеевна Фурман. После смерти Сталина им удалось добиться пересмотра дела, и в апреле 1956 года нас освободили.

* * *

Последнее, что я хочу отметить — это полное тюремное равноправие: мужчины и женщины содержались в одинаковых условиях, в тех же карцерах, с теми же ночными допросами.

Не хочу быть голословным. Из воспоминаний Надежды Марковны Улановской [25], которая была арестована в 1949 году: «Я всё время страдала из-за своих близких, но в карцере подумала: "Мне так плохо, мои дорогие, что уже не до вас". Если бы я предвидела, что и ты (дочь) окажешься в таком положении, я пожелала бы тебе смерти. А это продолжалось всего трое суток, но я их не считала и уже не ждала, когда это кончится. Я не принимала ни пищи, ни еды (триста грамм хлеба и три кружки горячей воды в день — В. М.). Мне бросали хлеб, но я к нему не прикасалась. По дороге назад в камеру меня поддерживали — я не могла идти самостоятельно» [26].

До какого состояния нужно довести женщину, чтобы она подумала: «Лучше, чтобы дочь умерла, чем попала в тюрьму и в карцер»? А об инсульте у Левиной я упоминал выше.

Очень тяжёлое следствие было у Е.Ф. Лифшиц (41), которая проходила по делу врачей. Она лечила детей и внуков высших руководителей советского правительства и ЦК. Среди её пациентов были дети и внуки Сталина, Молотова, Кагановича, Микояна, Орджоникидзе. Арестована она была летом 1952 года, ещё до расстрела деятелей ЕАК. Ей в процессе врачей предназначалась роль «обличителя». Конечно, было бы гораздо эффектней, если бы своих коллег обвиняла еврейская женщина. Профессионально она и её покойный муж профессор Лясс принадлежали к медицинской элите Советского Союза. Евгения Федоровна была лично знакома со всеми обвиняемыми. Однако получить признательных и тем более обвиняющих показаний следствию не удалось. Но какую цену заплатила доктор Лифшиц!

Её сын профессор Лясс, будучи сам врачом, так описывает одну из пыток, широко применяемых в КГБ: «Надзиратели через каждые несколько минут заглядывали в глазок. Не давали не только спать, но даже принять горизонтальное положение. Злой окрик: "Встать с койки, лежать днём не разрешается". Когда сидишь — нельзя прислоняться к стене. Можно ходить, но крайнее изнеможение валит с ног. Отдаться освежающему сну сидя или даже стоя тоже нельзя. Резкий окрик ворвавшегося в камеру надзирателя: "Откройте глаза!" приводит в шоковое состояние. Непослушание или повторные попытки закрыть глаза — карцер.

За несколько минут до отбоя надзиратель объявляет: "На допрос". И нет даже разрешённых кратковременных минут, чтобы принять горизонтальное положение после отбоя. Иногда вызов на допрос объявляется через несколько минут после того, как арестанту разрешается лечь на койку и успокоить измученные тело и мозг. И вновь по коридорам и лестницам в комнату следователя. И так сутками, иногда неделями, а если упорствуешь, то и дольше. Это и называется "спецрежимом".

Нормальная продолжительность сна для взрослого не менее 9 часов. По тюремному режиму — 7. Сон для человека жизненно необходим. Нарушение ритма сна и бодрствования ведёт к нарушению умственной деятельности, снижению концентрации внимания на самых простых вещах (например, невозможно расставить буквы в алфавитном порядке), резко падает зрительная способность, появляется резкая постоянная головная боль (ощущение тугой повязки на голове). Уже на третий день бессонницы прибавляются галлюцинации.

Если и дальше подследственному не давать спать, то, как правило, развивается болезненный психический статус, характеризующийся потерей правильного осмысленного поведения, отсутствием критического отношения к своему состоянию, изменением в осознании собственного "я", алогичностью, разорванностью мышления, бредом, апатией, абулией (отсутствием мотиваций), социальной дезадаптацией, суицидными мыслями и намерениями. Отсутствие сна действует на человека быстро и безотказно. Человека можно сломать всего за несколько дней. На 5-е — 6-е сутки «бодрствования» психика приходит в полный упадок, и подследственный с трудом понимает, спит он или нет. Резко изменяется биохимический статус организма: увеличивается выделение стероидных гормонов, натрия, калия. Эндокринная система начинает вырабатывать гормон, близкий по составу к наркотику.

Сон — хронобиологический процесс. Как только наступает темнота или мы закрываем глаза, организм начинает вырабатывать "сонное" вещество мелатонин, который запускает процесс сна. Долговременное бодрствование, когда при ночном допросе подследственному в лицо направлен яркий свет или бьёт в глаза незатухающая электрическая лампочка в камере, приводит к разболтанности в системе выработки организмом мелатонина, что пагубно влияет на психологическую функцию. Гораздо легче не есть и даже не пить» [27].

Евгения Фёдоровна после двух месяцев истязаний не выдержала непрерывного давления и совершила попытку самоубийства: пыталась повеситься на спинке кровати. Надзиратели успели вынуть её из петли. Вероятно, произошёл микроинсульт: наступила тяжёлая депрессия, которая сопровождалась временной потерей зрения и речи. В таком состоянии её не могли «допрашивать» и направили на месяц в Институт судебной психиатрии им. Сербского, где её немного подлечили.

* * *

Вот ещё одно свидетельство. Леонид Словин в рассказе «Пианистка» описывает судьбу французской пианистки Лотар-Шевченко, попавшей в лагерь ещё в предвоенные годы: «За годы, проведённые на зоне, её муж от несправедливости и издевательств сошёл с ума и сгинул в лагерях, она же из красивой цветущей женщины превратилась в больную старуху... Послевоенные годы неволи Вера Августовна провела, по-видимому, в одном из лагерей Тагиллага, поскольку именно в Нижнем Тагиле появилась она весной 1954 года в видавшем виде ватнике, юбке из мешковины и в стоптанных валенках» [28].

Мать моей подельницы Тамары Рабинович после 10 лет лагеря (отец Тамары был осуждён в 1937 году, а в 1942 году расстрелян) поселилась в ссылке где-то в районе Торжка, от пережитого сошла с ума и умерла. Перед смертью она успела вышить кисет с трубкой, где дым был вышит её седыми волосами. Она сумела передать этот подарок моему тестю (мой тесть Семён

Моисеевич Фрейдман был близким другом её мужа Лазаря Рабиновича. — В. М.).

Воспоминания Феликса Рахлина [29] о свидании в Явасе (Дубровлаг, Мордовия, 1954 год. — В. М.) со своей матерью Блюмой Маргулис: «...вводят — и тоже под конвоем — маленькую простоволосую, наполовину седую, с затравленным лицом, растрёпанную женщину, в которой я с трудом узнаю собственную мать... Это первое впечатление, когда мне на какую-то секунду почудилось, что её подменили, что ошиблись или нарочно привели какую-то другую старушку, да притом и с ожесточённым, злым выражением лица, — это впечатление каким-то чудом, психологическим казусом живёт во мне эти долгие годы, хотя прошло более полувека! Нет, я узнал, признал её немедленно, мы расцеловались, и это была она, безусловно она. Но что-то было в ней чужое, резкое, даже отталкивающее, какая-то неутолённая злоба... Её снедала жгучая обида, ненависть к тем, кто запер её и стерёг. И даже в чертах лица отразились эти болезненные, раздирающие её душу чувства: глаза стали какие-то раскосые, почти что монгольские».

* * *

О судьбе матери Иосиф знал уже в лагере. По лагерным пересылкам передавали из уст в уста рассказ о том, как одна из еврейских матерей подралась с Берией. Иосиф встречался с Меиром Каневским, который был знаком с Зинаидой Осиповной по Инте и слышал её рассказ из первых уст.

Зинаида Осиповна Хорол умерла в 1954 году в Инте и похоронена на лагерном кладбище. На месте (на могиле) захоронения фамилии не ставили. Вбивали колышек с номером.

Иосиф по крупинкам собирал сведения о тюремной и лагерной жизни матери. Он опрашивал всех женщин, которые могли бы быть с ней знакомыми.

В 1956 году, когда он освободился и был проездом в Москве, я его познакомил с моей подельницей Сусанной Печуро, которая в лагере знала Зинаиду Осиповну. Сусанна была обаятельной девушкой и у них сложились добрые отношения. Об этом она рассказала Иосифу. У Иосифа с Сусанной на всю жизнь сохранились самые дружеские отношения.

ЛАГЕРНЫЕ ИСТОРИИ

Но вернёмся в лагерь к Иосифу, в год 1952.

О группе еврейской студенческой молодежи, осуждённой в Одессе по чисто еврейскому делу, я слышал ещё до знакомства с Иосифом. В апреле 1952 года меня привезли в Караганду, в Песчлаг, на лагпункт Майкадук, где была пересылка. Там в то время уже находился Боря Щуровецкий, студент одесского юрфака, худой, с болезненным лицом (у него, кажется, был туберкулёз. Может быть, ему под следствием отбили лёгкие, как Иосифу поджелудочную железу?). Особой дружбы у меня с ним не получилось, но отношения были очень доверительные. Я больше общался тогда со своим подельником Гришей Мазуром, Романом Сефом[30], Зямой (Зиновием Александровичем) Фридманом, Гилей Айзенштатом, Исраилевичем, Марленом Коралловым, Аркадием Белинковым, Исаком Моисеевичем Певзнером, Беньяшем, Гришей Зигуном, Тютчевым, Авнером Михайловичем Хуцкивадзе, Володей Рейхманом, Якубовичем, Гришей Закеевым и Гришей Белозерцевым, Толей Быстровым,

Захаровым, кажется, Сашей, Жорой Кузьменко, Семёном Пекар-
ским, братьями Гершензон, работником ЗИС Корсунским, шофёром Вышинского Кошевадским и многими другими.

Дружба, да и просто добрые отношения — вещь сложная, из
ничего рождающаяся и в никуда уходящая. Перечисленные и
не упомянутые люди — разного возраста, разного жизненного
опыта, разной судьбы. И мне, двадцатилетнему парню, вырван-
ному из семьи, школы, института, было интересно со всеми: например, с Якубовичем и с его рассказами о революции и первых
годах советской власти, о Сталине, Троцком, Бухарине, Камене-
ве и Зиновьеве, с которыми он лично был знаком, о Микояне, с
которым он вместе работал в продовольственных организациях
в двадцатые годы.

Сидел Якубович уже 22 года, то есть с 1930-го, два года без
приговора (ещё чудеса советской юстиции — сидел без приговора, бессрочно, до особого распоряжения), как член «меньше-
вистского центра». Сегодня его рассказы интересуют только
историков (он их записал в конце шестидесятых — начале семидесятых годов прошлого века, правда, в более мягком вари-
анте), а тогда каждое слово для меня было важно и интересно.

Два Жоры — Белозерцев и Закеев — рассказывали о войне, о
плене, о Власове. Гриша Зигун — о жизни в полтавской деревне,
где он жил и работал трактористом-комбайнёром и был участником какой-то молодёжной антисоветской организации (он
был на год меня старше). И это было интересно.

Сеф читал стихи — свои и чужие. Знал он их очень много.

Белинков был полон разных необыкновенно интересных
искусствоведческих теорий. У Пекарского тётка, сестра матери,
была женой мэра Нью-Йорка. Когда в советском МИДе об этом
узнали, его из армии откомандировали в нью-йоркское торго-

вое представительство по ленд-лизу, и когда возникали сложности с поставками, вмешивался мэр Нью-Йорка. Потом эти родственные связи с американцами стали поводом для ареста.

Особенно хочу отметить Исраилевича, специалиста по льну. Я не знаю, вышел ли он из лагеря живым. Я спрашивал у его подельников Фридмана и Айзенштата, но ответа не помню. Его под следствием били так, что у него образовалась паховая двусторонняя грыжа, и весь желудок вывалился в мошонку. Ходил он очень медленно, фигура напоминала знак вопроса, мешок с кишками доходил буквально до колен. Он был ещё молодой, лет 35-ти. Замечательный рассказчик. Потом его отправили в Спасск, где находились инвалидный лагпункт и центральная лагерная больница. Кажется, его там прооперировал профессор Колесников, бывший зампред советского Красного креста.

Надо отметить, что на Майкадуке было много евреев разного возраста и социального положения. Но сейчас рассказ не об этом.

* * *

Со Щуровецким у меня особенно интересных разговоров не получалось. Во всяком случае, я их не помню. Он сумел построить свою лагерную жизнь так, что на общие работы он не выходил, днём кантовался в жилой зоне, а вечером и в воскресенье тренировал и судил волейбольные команды, которые он организовал в лагере. Были две команды — одна из прибалтов (Щуровеций называл её «Лацис, Хуцис, Поцис»), а вторая из русских (в основном сидящих за плен — в обиходе их называли «власовцами»). Такая тренерско-судейская деятельность давала ему возможность не работать за зоной на общих работах. «День канта — месяц жизни» — железное правило лагеря. Как он провёл зиму с 52-го на 53-й год точно не помню, но кажется, стал создавать команды по пинг-понгу, игре тогда малоизвестной, которая только-только стала входить в моду. Как это ему разрешал начальник лагпункта капитан Удодов, я не знаю.

Однажды Борис Щуровецкий подошёл ко мне и попросил: «Ты ведь москвич, а в Москве, всем известно, как в Греции, всё есть. Попроси, чтобы прислали шарики для пинг-понга. В Одессе их нет». Я представил, как мама или сестра будут искать шарики и встретят Веру Евсеевну Гуревич (я не знал, что она арестована), мать моего расстрелянного друга и подельника Жени Гуревича, и на вопрос «как Владик?» ответят: «Да ничего, вот шарики для пинг-понга купили, просил прислать». И я ответил: «Нет, не напишу, не могу» Теперь думаю, что он на меня обиделся. Во всяком случае, наши отношения не стали более близкими.

Борис получал очень хорошие посылки из дома. Но их разрешали только раз в месяц. Не думаю, что было возможно ими сильно прикармливать нарядчика и бригадира. Впрочем, не знаю, не судья.

Однако после этого у меня на душе было неспокойно, ведь речь шла не о шариках, а о возможности устроиться и перезимовать, перекантоваться в лагере. В 1954 году, когда я уже в Темир-Тау попал в бригаду Юрия Владимировича Ганковского и подружился с ним, рассказал ему эту историю, в поисках моральной поддержки. Реакция Ганковского была не в мою пользу: «Я однажды попросил жену прислать мне в лагерь (куда-то на север) женские боты с молнией. Тогда это был последний писк моды. Их в Москве можно было купить, как говорится, «с босм». Да не на мой адрес, мне бы цензор их не отдал, а на имя женщины, врача, которая задержала меня в больнице. Ты думаешь, что меня жена приревновала? Уверяю тебя, нет. Главное, что перезимовал, остался жив». Ревновала жена Юрия Владимировича или нет, он знать не мог. Но даже этот пример меня, хотя и покоробил, но не убедил. Я был знаком с ней, чрезвычайно милая женщина, но спросить её о ботах и о ревности я постеснялся. Когда я в 1955 году рассказал об этом Иосифу, тот просто рассмеялся: «Узнаю Борю. Он ещё и не такое может придумать».

У меня на всю жизнь осталось выражение «купить шарики для пинг-понга» как пример чего-то совершенно невероятного, недозволенного.

* * *

Есть ещё одна странная история. В июле — августе 1955 года меня этапировали из Тавды (Северо-Восток, Ураллаг) в Песчлаг. Этап шёл через пересылки Тавда — Свердловск — Челябинск — Петропавловск — Караганда (Фёдоровка). На это ушёл приблизительно месяц.

Параллельно со мной, то отставая на день-два, то опережая, этапировался молодой (выше среднего роста, плотный, в роговых очках) парень, одессит, который хорошо знал Борю Щуровецкого и всю его компанию, и даже историю со вторым осуждением Иосифа. Мы успели подружиться. И некоторое время переписывались. Но лагерная переписка быстро иссякла. Сегодня я не помню ни его имени, ни фамилии. Кажется, его звали Аликом, а может быть, и Сергеем.

Когда я встретился с Хоролом и рассказал ему о встрече и даже показал письма, он отнёсся к моему знакомому без особого интереса. Долгое время я думал, что это был Алик Шнейдеров. Но если Шнейдеров со всеми в январе 1954 года был освобождён, то это был явно кто-то другой. Кто это был, так хорошо знавший студенческую компанию Иосифа? Знакомство с подельником Иосифа ещё больше нас сблизило. Айзенштат и Прусс помогли ему устроиться на нетяжелую работу.

* * *

В бараке рядом с Иосифом какой-то бендеровец учился играть на гармони. После смерти Сталина режим в лагерях стал ослабевать, можно было получать в посылках музыкальные инструменты.

Человеку прислали гармонь. Играть он не умел, слуха не было. Но он настойчиво, по несколько часов в день, в будни по вечерам, а в воскресенье целый день, играл. От его игры можно было осатанеть, сойти с ума, чокнуться даже любителям гармони, а Иосиф не любил этот народный чисто русский инструмент и сказал как-то: «Когда я стану премьер-министром, я проведу закон: всех, кто учится играть на гармони, вешать без суда и следствия, прямо на месте учёбы». Это была горькая шутка. При этом он говорил, что человеку некуда податься, чтобы научиться играть на таком, в общем безобидном инструменте.

ГРАЖДАНСКИЕ ПРАВА И ОБЯЗАННОСТИ

И у нас появилась ещё одна тема для обсуждения — «права и обязанности граждан в свободном государстве». Обсуждать права и обязанности в Советском Союзе не имело смысла: прав не было, были только обязанности, и они выполнялись под давлением. Добровольчество было ложью, страхом перед властью.

Эта дискуссия через много лет продолжалась в Израиле. Хороший гражданин, по Хоролу, — это тот, у кого хорошая работа, хорошая зарплата, хорошая квартира, кто платит налоги, ходит в милуим и недоволен правительством. Тогда он хороший гражданин и настоящий сионист. Никаких политических ограничений — ни левых, ни правых.

Одной из любимых тем было сравнение западных правовых систем с советскими. В лагерную библиотеку поступали центральные и местные газеты. В газетах иногда проскакивали сообщения о преследовании просоветских элементов в Америке или в Европе. Это всегда вызывало смех. По советским меркам все выступления просоветских деятелей должны были кончаться смертными приговорами.

* * *

Вот одно из них.

Сразу после окончания ВМВ с подачи СССР коммунисты Французского Индокитая начали войну против французского правительства. Вьетнамские коммунисты через коммунистов Франции повели антифранцузскую, антиправительственную пропаганду. Это связывало руки правительству Франции. Коммунисты старались парализовать военное снабжение армии. Советский Союз и коммунисты Франции считали такую войну колониальной войной. Из-за недостатка военных грузов французские войска несли потери и не могли проводить эффективных операций как против хошиминовских партизан, так и в защиту тех, кто поддерживал французское правительство.

Масштаб протеста был достаточно широк, а центрами протеста стали порты и железнодорожные станции. В начале 1950 года в город Тур прибыл эшелон с танками, направлявшимися во Французский Индокитай. Тур — крупный ж/д узел, но не портовый город. Коммунистам удалось собрать сочувствующих рабочих, железнодорожников, школьников. Прорвав полицейское оцепление, толпа бросилась к поезду, а двадцатилетняя Раймонда Дьен легла на рельсы. Толпа забралась на платформы и стала ломать военную технику. Отправку поезда задержали на несколько часов. Раймонду Дьен судили, дали ей год тюрьмы, а через полгода освободили. Она стала лидером «движения за мир». Популярность её была настолько велика, что композитор Сергей Прокофьев на стихи Маршака создал ораторию «На страже мира».

Прокофьев и Маршак платили по политическим векселям, обеспечивая себе жизнь и работу на свободе, да ещё в Москве.

В том же 1950 году началась война в Корее. Мы с Иосифом рассматривали вопрос, что бы произошло, если бы у нас толпа остановила поезд с военным грузом, направлявшимся в Корею. Как быстро была бы расстреляна женщина, подобная Раймонде Дьен?

Почему французское правосудие оценило такое правонарушение годом тюрьмы, а через полгода её выпустили? На таких примерах мы пытались разобраться в проблемах западной демократии. Их было довольно много. Из таких случаев родилась идея политической ответственности за свои действия. В рамках западной демократии человек не несёт никакой ответственности за свои политические высказывания или действия, если они находятся в пределах закона. Никто не обвиняет ни Раймонду Дьен, ни сотни других активистов «борьбы за мир», включая Прокофьева и Маршака, в гибели многих тысяч вьетнамцев от рук Хо Ши Мина, а потом и Пол Пота. Никто не несёт моральной ответственности за поддержку убийц.

* * *

В основном до нас долетали отклики на действия каких-то не очень понятных «реакционных сил», «мракобесов», которые смели поднять голос против «прогрессивных» сил, поддерживающих Советский Союз. Левыми, «прогрессивными», были известные артисты, профессора университетов, профсоюзные деятели, реже парламентарии — их называли в лагере представителями «страны непуганых идиотов». Те левые, которых судьба забрасывала в лагеря, быстро становились «антисоветскими элементами», крайне правыми. Правда, своё «анти» они тщательно скрывали, боясь различных провокаций. Им было чего бояться. Стукачи в лагерях процветали. После лагеря большинство из них дрожащими руками потянулись к партбилетам, «хлебным корочкам», как их называли в народе, и только некоторые, которых судьба донесла до зарубежья, открыли рты.

Но я никого не сужу. Страх — дело серьёзное. На Западе любую критику Советского Союза «прогрессивные силы» встречали лаем. Вспомните хотя бы какой критике подвергся Юлий Марголин [31] за свою книгу «Путешествие в страну Зе-Ка». Помню в Майкадуке Попова [32] — подельника Димитрова на Лейпцигском процессе, который после освобождения из лагеря перебрался в Болгарию и успешно там процветал и даже бывал в СССР.

Первым «мракобесом», о котором трубили во всех газетах, считался Черчилль. Но он как бы стоял в стороне, на непонятном антипьедестале. Его, конечно, ругали, но он был слишком фундаментален для повседневной критики.

Американский сенатор Маккарти активно выступал против

левых, против коммунистического влияния на внешнюю и внутреннюю политику Америки, против атомных шпионов типа супругов Розенберг, против агентов влияния и просто наивных дураков. В одном из выступлений он в шутку предложил судить американских «левых» по советскому уголовному кодексу или просто как в Советском Союзе, и главное — содержать их в тех же условиях или высылать в СССР для отбывания срока.

Я не знаю, как это попало в печать, но в лагерях покатывались со смеху, представляя левую коммунистическую «суперэлиту» на нарах. На эту тему шутили и в Майкадуке, и в Темир-Тау, и на Фёдоровке.

Но в наших разговорах с Иосифом эта тема превращалась в систематический анализ причин левизны и методов борьбы с ней. Что такое западная система правосудия? Почему она не хочет, не может, не считает нужным по-советски решить вопросы политических преследований?

Хочу заметить, что Маккарти был абсолютно прав, требуя пресечь советскую пропаганду в Америке. Его положительное влияние на защиту западных либеральных демократических ценностей не оценено и сегодня. Во многих справочных изданиях маккартизм представлен как реакционное явление, а сам сенатор как мракобес. К сожалению, и в сегодняшних тоже.

Мы же рассматривали, как в демократическом государстве должна быть организована защита национальных интересов, выделяя в первую очередь интеллектуальную защиту, а уж потом полицейскую.

В 1955 году времена уже были либеральные, бараки на ночь не запирались, ходили разные слухи (по-лагерному — параши), что вот-вот всех освободят, какой-то неуловимый запах реформы носился в воздухе. Стал меняться лагерный режим, вновь возникли разговоры об амнистии, о том, что появился план перевода лагерей на систему поселений.

Рассказывали о восстаниях в Воркуте, Норильске, Джезказгане (Кингире). Помню рассказ, как приехал на Воркуту генерал-армии Масленников, который был замминистра внутренних дел. Во время войны Масленников командовал армией, был несколько раз ранен и считался боевым генералом. Разбирая требования заключённых, он встретился с одним из бывших офицеров своего штаба, которому был обязан жизнью. Этот офицер был ранен и попал в плен, а затем и в советский лагерь. Генерал был потрясён этой встречей и своей беспомощностью: он не мог изменить судьбу этого человека.

Через год Масленников застрелился. Этот рассказ похож на легенду. Маловероятно, чтобы замминистра внутренних дел, много лет связанный с госбезопасностью, не знал, кто и за что находится в лагерях.

Впрочем, есть такое мнение, что Масленников застрелился, так как опасался ареста и расстрела в качестве сподвижника Берии. Судьба генералов Меркулова, Гоглидзе, Владимирского его не устраивала.

ПАВЕЛ ГОЛЬДШТЕЙН

Помню, как Павел Гольдштейн (он заболел и несколько дней провёл в больничном стационаре, где я его навестил) размечтался, что он скоро выйдет на свободу и окажется перед выбором: преподавать в университете или работать редактором газеты. Мне тогда было абсолютно ясно, что его мечты не могут сбыться.

Но вот как судьба поворачивается. Пятнадцать лет после освобождения Павел Юрьевич Гольдштейн (он был освобождён в начале 1956 года) жил в Москве и занимался второстепенной литературно-организационной деятельностью. В еврейских компаниях, особенно на проводах в Израиль надевал кипу. Я изредка с ним встречался. И только в Израиле он расцвёл, получив возможность издавать журнал «Менора». Но как далёк был Израиль в 1955 году от мечты Гольдштейна!

* * *

На пробу в 1955 году расконвоировали некоторое количество заключённых. С помощью Павла Гольдштейна, который был в то время нарядчиком, а по-лагерному «хозяином зоны» — очень влиятельным человеком и для зека, и для лагерной администрации — в эту группу попал и Иосиф. Я тоже хотел попасть в расконвоированные, но у меня была статья 58–8, «прямой террор», и эта статья не давала права ни на какие поблажки. Да и срок был 25 лет. Любовь у меня с советской властью была нежная! У Иосифа после пересмотра дела оставили 10 лет.

Днём Иосиф работал за зоной, вечером часов в пять-шесть возвращался в лагерь. Первое место, куда пошёл он, оказавшись «за зоной», был книжный магазин.

Не только политика была предметом наших разговоров. О Лонгфелло я узнал от Хорола. Он мне подарил только что вышедшую в 1954–55 годах «Песнь о Гайавате».

В Караганде вечером два зека взахлёб читали маленькую книжку американского писателя. Маленькая книжка, в мягком переплёте с прекрасными стихами. Меня пленили эти стихи, и я попросил его купить её для меня. Этот подарок Иосифа я храню и по сей день.

Увы, лафа с расконвоированием длилась всего несколько недель. Я не помню, что произошло, но отношения между Иосифом и Павлом испортились настолько, что даже в Израиле Иосиф не хотел с ним встречаться. Я несколько раз пытался их помирить, но безрезультатно. «С нарядчиками не общаюсь. Он же капо» — был ответ. Я же не был столь непреклонным. Моя снисходительность не очень раздражала Иосифа, он соглашался со мной, что старость у Павла завидная: и семейная жизнь, и «Менора». Сколько в Израиле очень достойных людей издавали свои журналы?

* * *

Я хочу, чтобы читатель знал и понимал, почему Иосиф не любил Гольдштейна. Нарядчик — это старший заключённый на лагпункте, «хозяин зоны», человек, который «держит зону в руках». Как правило, это был жёсткий человек с сильным характером, часто физически сильный (Гольдштейн — не пример) — посредник между администрацией и заключёнными. От него многое зависело.

Конечно, нарядчик, «стучал» — скажем деликатно, информировал начальство о настроениях как отдельных заключенных, так и зоны в целом. Такой человек не был лишён неких дипломатических качеств. Если он перебирал в какую-либо сторону, его или этапировали, или убивали заключённые. Вот что такое нарядчик. И к такому человеку Хорол не мог относиться уважительно. Он не верил в его сионизм, в его религиозность. Иосиф считал, что если бы у Павла Юрьевича карьера сложилась более благополучно, он бы не двинулся из Москвы. Мне это было понятно. Но я не так строго относился к Гольдштейну. Я помнил наш разговор с Иосифом о немецких лагерях и о работниках Юденра́та, которых в Израиле не судили, так как исходили из концепции, что в нечеловеческих условиях человек ведет себя не по-человечески.

С Пашкой Гольдштейном я изредка встречался, но дружбы не было. Да и он меня не очень жаловал. Иосиф считал, что вся популярность Павла Юрьевича дутая. В его трудах нет корней, нет искренности исследователя. Все идёт на попутном ветре.

Иосиф нередко проявлял нетерпимость к людям, которых он считал предателями. Например, он очень плохо относился к Исраэлю Минцу за то, что тот уехал в середине тридцатых годов прошлого века из Израиля в СССР строить метро. Уехать из Израиля, чтобы строить коммунизм — это Иосиф считал постыдным фактом биографии, предательством сионизма.

«ЗЕМЛЯКИ»

Иногда к людям из СССР, которые высказывали левые взгляды, он был чрезмерно резок.

Я в то время написал заметку о гражданской войне Испании, в которой было указано, что в интернациональных бригадах было много евреев. В частности, из Палестины в Испанию прибыл еврейский батальон «Батвин» численностью в 300 человек. В Палестине было восстание арабов, убивали евреев, 300 молодых мужчин уехали, чтобы «землю в Гренаде крестьянам отдать», бросив своих друзей и родных. Ни я, ни Иосиф понять этого не могли.

В русском языке есть такое слово «земляк». Словарь Даля толкует это слово так: «Земляк, землячка, единоземец, одноземец, соземец, рождённый в одном с кем-либо государстве, области, местности». Словарь Ожегова несколько упрощает понятие «земляк» — «уроженец одной с кем-нибудь местности».

Обратите внимание, что ни Даль, ни Ожегов ничего не говорят ни о национальности, ни о вероисповедании. Говорится только о факте рождения или проживания на одной территории.

Лагерь изменил понятие «земляк». В лагере на первый план выступала национальность, а уж потом территориальный фактор. А ведь Россия — страна, где на одной территории проживали люди разных конфессий и разных национальностей.

Русские, где бы они ни жили, были земляками. И все украинцы были земляками, правда, западные украинцы были более близкими земляками, чем восточные. С другой стороны, украинцы из восточных областей — Харьковской, Сталинской (Донецкой), Ворошиловоградской (Луганской), Одесской часто называли себя русскими и держались подальше от западников. Так же делились на земляков и прибалты, выходцы с Кавказа и т. д.

И только во вторую очередь земляком назывался человек не одной с тобой национальности, а живший с тобой в одной местности.

Я не помню, чтобы как-то подчёркивался религиозный фактор. Ведь на Кавказе жили и христиане, и мусульмане. Известно, что чеченцы и ингуши были мусульманами, но в лагерях их было немного, и с кем они держались вместе, я плохо помню, кажется, с русскими. Но точно не с западниками. Был ещё один чеченец (а может, ингуш) — молодой, очень резкий парень Муса, но он держался отдельно, не дружил ни с кем. У меня был бригадир Гарбаев, чеченец, сидевший «за плен», он был среди русских. Я не помню русско-чеченской вражды, может быть из-за того, что русские были так же, как и чеченцы, ушиблены Москвой, советской властью.

Пища в лагере была некошерной, и ни евреи, ни мусульмане кашрут не соблюдали. Иногда пытались соблюдать кашрут некоторые сектанты. Они отказывались от первого блюда — супа, который теоретически мог быть мясным: в нём вываривали кости. Многие сектанты были настоящие дистрофики.

Евреи тоже держались землячеством, может быть не таким чётким, как западноукраинское или прибалтийское, но всё равно землячеством. И когда меня и Сефа ночью привезли на Майкадук, нас в то же утро ещё до работы встретили Фридман, Кораллов, Певзнер, Белинков и другие евреи. Так же было и на Фёдоровке, когда я приехал туда в конце июля — начале августа 1954 года. Меня встретили Гиля Айзенштат, Прусс и другие. Так же мы встретили двух Иосифов — полным дружелюбием.

***

Что такое «дружба народов», мы ощутили в полной мере в лагере.

Антисемитизм был жуткий, неприкрытый. Да и как он мог быть другим, если среди зеков были участники расстрелов евреев, и ты слышал признания в том, что человек ЛИЧНО участвовал в акциях. Душа и по сей день горит. Но с ними нужно было жить вместе и как-то ладить.

Всех кавказцев, всё равно был ли человек лезгином, чеченом, азербайджанцем или армянином, грузином или крымским татарином, или уроженцем Средней Азии — узбеком, таджиком, казахом, — называли чучмеками или черножопыми. Редкие тувинцы и якуты прозывались чучмеками, чукчами, чурками. Евреи — жидами, русские — москалями, кацапами, украинцы — хохлами и т. д. При ссорах говорили в лицо, желая оскорбить, унизить не столько самого человека, сколько весь народ. Защиты просить было не у кого.

Назревала русско-украинская война наподобие войны «сук и воров в законе», описанной Шаламовым. Я сам был свидетелем одной из таких схваток на Тавдинской пересылке в 1955 году, когда возвращался в Караганду из закрытой тюрьмы в Богучаре. Драка кончилась избиением западников — бендеровцев, правда, не очень сильным. Быстро вмешались надзиратели. Украинцев перевели в другую камеру. Через несколько дней я случайно встретился с Махонько, одним из бендеровских лидеров (я был с ним знаком по Песчлагу), который подробно расспрашивал меня о драке, заведомо зная, что я ни на чьей стороне и ни за кого. Настроен он был решительно — отомстить русским, покалечить или убить участников драки.

Хочу отметить, что по лагерным понятиям под «русскими» надо понимать «власовцев», то есть всех тех, кто сидел за плен, а под «украинцами» — бендеровцев. Других групп, способных вести «военные» действия, просто не было. У меня в силу разных причин отношения и с теми, и с другими были хорошие. Бендеровцы, особенно молодые, были идеологическими противниками советской власти, «власовцы» — как бы случайными, попавшими в водоворот войны. Однако постепенно у меня к «власовцам» стало складываться другое отношение.

Евреи держались подальше от русско-украинских разборок. Драка эта произошла в июле — августе 1955 года и была не единственной. Уже был расстрелян Берия и его соратники — Рюмин, Абакумов, Леонов и т. д., уже прошли по лагерям «волынки», которые потом стали называть восстаниями. Русско-украинский конфликт в лагерях созревал. И только массовые освобождения, начатые в 1955-м и особенно в 1956-м, рассосали этот узел национальной «любви».

Заодно вспоминаю и совершенно другого рода споры среди украинцев — о чистоте украинского языка. Западников обвиняли в том, что их язык «ополячен», «германизирован», и не может претендовать на правильный культурный и литературный украинский язык. В свою очередь западники обвиняли представителей восточной Украины в засорении языка руссицизмами. Спорящие сходились на том, что наиболее чистый украинский у полтавчан. Под невинными спорами о языке была явная подоплёка — кто будет обладать политическим влиянием в будущем. Ведь западные украинцы были объединены общим бендеровским прошлым, восточные же не имели никакой организационной или идеологической структуры вообще. Смысл спора — какая часть Украины в свободной стране будет составлять культурную элиту.

* * *

Вся эта преамбула написана только для того, чтобы рассказать, что противоречия между народами в Советском Союзе были чрезвычайно острыми и что предполагаемый нами развал Советского Союза, если бы он произошёл и когда бы он ни произошёл, будет происходить по национальному принципу. А где развал, там и война. Даже минимальное знание истории (а я, к сожалению, не обладал фундаментальными знаниями) подсказывало, что при распадах государств создаются новые границы, которые будут являться новыми источниками конфликта. Прорисовывалась скрытая картина будущего внутринационального конфликта на Украине.

И в этом мы оказались частично правы: СССР мирно распался, образуя национальные государства. Правда, войн между новыми государствами не было. Но зато во многих республиках бывшего Советского Союза вспыхнули этнорелигиозные вооружённые конфликты. Скажем, микровойны.

То, что Советский Союз распадётся, и мне и Иосифу было ясно. Но что означает развал такой империи, как СССР? Как будут развиваться «осколки»? Положение на Украине Иосиф знал много лучше, чем я. Сталкиваясь с разного рода украинскими начальниками, университетской профессурой (он был студентом Одесского Университета, напомню), Иосиф убедился во второсортности этих руководителей, в удивительной их неспособности понимать сложные государственные проблемы, и в частности экономические и национальные. Вероятно, это было связано с отсутствием собственной государственности.

Иосиф однажды сформулировал: «Когда Украина станет свободной, и у неё возникнут финансовые проблемы, она пригласит советников из Израиля, чтобы они помогли наладить финансовую жизнь страны». И это было сказано осенью 1955 года. Вот уже более двадцати лет Украина свободна, а экономическая жизнь в ней так и не налажена. Они все ещё не решаются пригласить еврея в качестве консультанта.

* * *

Евреев в лагерях было много, особенно в Майкадуке, который был лагерной пересылкой. Но и на обычном лагпункте 5–10 евреев было нормой. Да и лагпунктов было много. Это сегодня все сионисты. А тогда об этом не говорили вслух. Вслух говорили о «комиссарах в пыльных шлемах». Не то чтоб евреи не были сионистами, все приветствовали Израиль и все желали ему добра. Но своё место видели не в Тель-Авиве. Иерусалим был еврейской сказкой, несбыточной мечтой, а жить нужно было здесь, но не в лагере, а на воле, среди вот этих убийц, их семей, под гнётом советской власти, которая смердит фашизмом, преследованием евреев как просто евреев.

На Фёдоровке был Славин, еврей, токарь по дереву, уже совсем не молодой человек (я даже не знал, сколько ему лет было на самом деле). Так вот, Славин на свадьбе дочери сказал «Лехаим, евреи» — и получил 25 лет ИТЛ за националистическую сионистскую деятельность. Кто-то из «братьев евреев» донёс.

Чистых, настоящих сионистов я знал в лагере троих: Зяму Фридмана на Майкадуке, Ушана, бывшего сержанта румынской армии, на Майкадуке или в Темир-Тау (точно уже не помню), и Иосифа Хорола на Фёдоровке. Остальные были полусионистами, условными сионистами и т. д.

Наверно, к встрече с Хоролом я мог бы считать себя уже законченным сионистом, но начинал-то я свой путь от марксиста с сильно ущемлённым национальным сознанием.

У Иосифа была твёрдая ориентация — Израиль. Никаких вариантов. Советский Союз, Россия — да пошли бы они... Всегда с удовольствием рассказывал о воркутинских евреях, с которыми он встречался на севере.

Но была у него и личная «обида» на советскую власть — в 1948 году его не приняли в Одесский университет. Такая же обида была и у Жени Гуревича, и Бори Слуцкого: их тоже не приняли в МГУ в 1950 году, и это было одной из причин создания СДР.

* * *

Однажды ко мне подошёл казах, на воле — учитель. Наверное, в лагерях была казахская интеллигенция, но мне с ней не пришлось встретиться. Может быть, она держалась замкнуто, боясь насмешек. Но я не помню большого количества казахов на лагпунктах. Казах-учитель с очень приличным русским был редкий случай. Я с ним был знаком с Петропавловской пересылки, и отношения были дружеские, доверительные. Так вот, он мне пожаловался на Иосифа. «Я считал, что евреи интернационалисты, для них все нации равны, а Иосиф меня обидел — сказал, что только свободные казахи смогут нормально развиваться. Сегодня они отсталые и держатся за российский хвост».

Надо было их помирить. Я рассказал Хоролу о казахе, он рассмеялся: «Когда нам бог дал Тору, здесь только ковыль рос. Даже деревьев для обезьян не было. Казахи всё время бегут от русских, а они их догоняют и рубят. Не русские, а евреи принесут им свободу и развитие. Пусть поймёт меня правильно».

Я помирил их, и у них начались приватные разговоры. Я в них не участвовал.

* * *

Выше я писал, что национальные отношения в лагере были, мягко говоря, напряжённые, сложные. И евреи это напряжение чувствовали очень хорошо. Но с этим надо было жить и строить отношения на будущее. Сегодня на завтра. А сегодня, по нашим представлениям, самым главным было неприятие советской власти.

Очень многие евреи и неевреи советскую власть и репрессии рассматривали отдельно. Я помню, как Фрадкин, бывший редактор журнала «Дальний Восток» (между прочим, он был первым, ещё до Константина Симонова, редактором книги Ажаева «Далеко от Москвы»), говорил мне: «Всё, кроме репрессивной политики Сталина, я одобряю». Убедить его в том, что центральной составляющей сталинской политики были репрессии, было нельзя. Во всяком случае, я не сумел. Но не исключаю, что он боялся признаться мне в своей неправоте. Фрадкин был интеллигентный, очень милый, очень знающий человек.

Такое понимание советской власти было у многих. Некоторые оправдывали даже репрессии: раскулачивание, массовые депортации. Принцип «меня зря, а других за дело» был не только у свежеарестованных. Мы понимали, что объединяющим началом в лагере мог быть только антисоветизм. Но высказывать его надо очень осторожно. Каждый наш разговор мог стать известен лагерному начальству, оперу и начальнику режима. Стукачи работали и днём, и ночью.

* * *

Здесь я хочу отметить одну особенность наших разговоров с «западниками» (с западными украинцами и прибалтийцами) и «власовцами». «Власовцы» были дети войны, в основном брошенные своими командирами, попавшие сначала в окружение, а потом и в плен. Я помню только одного Ромася Кишакевича, сдавшегося сознательно в плен вместе со своим взводом связи, которым он командовал. Но Ромась был из Западной Украины, из семьи украинского политического деятеля среднего уровня. Советскую власть они не признали. Репрессий 1939–1941 годов семья избежала, но политическая ориентация была на немцев, хотя ни сам Кишакевич, ни члены его семьи не служили в немецкой армии. Ромась был идейным бендеровцем и вроде секретаря подпольного бендеровского райкома.

Я не помню, чтобы кто-то из «власовцев» рассказывал о добровольной сдаче в плен. Даже те, кто потом пошёл служить в немецкую армию, как Илья Жаров (СС, полк Брандербург 800 или 880), в гестапо, как Николай Иванов, во власовскую армию, как Жора Белозерцев (офицерская школа при власовской армии), и многие другие. Все они не любили немцев, не могли им простить лагеря военнопленных, где сотнями пленные умирали от голода. Жаров рассказывал, что в Бобруйске, в старых царских казармах был лагерь советских военнопленных, в котором в зиму 41–42 года пачками, многими тысячами умирали бывшие советские красноармейцы, и он, переживший тот лагерь, никогда не сможет простить его немцам. И пошёл он служить в немецкую армию только потому, что не двигался, а тенью полгал. В буквальном смысле за хлеб.

Примерно то же самое рассказывал и Белозерцев. За первые месяцы войны он стал командиром артбатареи, был награждён орденом, затем ранен, попал в плен. Находился в лагере для военнопленных, случайно встретил переводчика-фольксдойча, знакомого ещё по Москве, который откормил его и вылечил. До встречи он был весом с мотылька. Он тоже не любил немцев.

Вот один из рассказов Жарова, от которого он всегда заводился, а лицо и шея краснели. «Заезжает в лагерь машина с продуктами. Её тут же окружают пленные. Немцы из кузова бросают несколько буханок хлеба, как говорится, на шарап. Начинается драка, хлеб падает в грязь, ломается на куски и, в конце концов, никому не достаётся. А немцы стоят в кузове машины, подзадоривают дерущихся и с радостью и удовольствием кричат: "Русские свиньи, швайн, швайн"».

Я не хочу и не могу судить солдат, попавших в плен. Только немногие, настоящие герои, могут выдержать голод, побои, издевательства, страх и не сломаться, то есть не умереть. Но все немного лукавили. У каждого был свой довоенный опыт, каждый мог рассказать о советской власти такое, что тянуло на полных 25 лет ИТЛ. Об этом не рассказывалось, во всяком случае, не связывалось с войной и переходом в немецкую армию.

Одновременно с войной против немцев шла гражданская война. Люди не забыли ни коллективизацию, ни повальные аресты, ни голод, ни коллективные репрессии. Советская власть для многих была не матерью, даже не мачехой, а тюремным надзирателем. Понимание того, что люди участвовали в гражданской войне, может быть, сами того не сознавая, пришло ко мне уже значительно позже.

* * *

С Иосифом мы часто обсуждали этот вопрос, и наши позиции были очень близки. Особенно это касалось генерала Власова и его сподвижников генералов. Иосиф говорил, что есть большая разница между красноармейцами и младшими командирами, которые были доведены в лагерях военнопленных до дистрофии и пошли служить к немцам буквально за пайку, — и генералами Власовым, Жиленковым, Трухиным, Малышкиным, Благовещенским.

Переход от красного генерала к фашистскому происходил очень быстро. Эти генералы, члены партии, тысячи раз клялись в верности своему правительству, Сталину и изменили присяге.

Никаких идеологических убеждений. Молодыми они предали старую Россию, став зрелыми — советскую. Никакого уважения эти люди у нас не вызывали. К вопросу о «власовцах» мы возвращались и в Израиле, когда информация о власовском движении и его участниках была более объективна. В лагере наши знания основывались на рассказах разных участников, но информация в целом оказалась достаточно полной и вполне объективной. Расхождения были в мелочах.

Между генералами, пошедшими на службу к Гитлеру, и солдатами лежала пропасть. Странно, что такой способный генерал Власов не видел конца фашистской Германии ни в 1942, ни в 1945 годах.

С этой, идеологической точки зрения, западники (украинцы и прибалты) были совершенно другими людьми. Особенно молодежь. Она сознательно взялась за оружие, сознательно выступила против советской власти, то есть была её идеологическим противником. Одни были недовольны присоединением своих стран к Советскому Союзу, другие — внутренней политикой советской власти в предвоенные годы на территориях, вошедших в СССР. Прибалтийцы были вполне довольны 20-ю годами своей независимости. Украинцы мечтали о самостоятельности: поляков они ненавидели не меньше русских. Отношение к евреям — отдельный вопрос. И те, и другие были антисемитами. Украинцы и поляки были основным контингентом всяких расстрельных команд.

Мне мало приходилось общаться в лагере с интеллигенцией с Западной Украины и Прибалтики, способной осмыслить масштаб происшедших перемен. Наивно звучали надежды на американцев: вот они начнут войну против СССР и выбросят десант, который освободит лагеря и вооружит желающих воевать против советской власти. Мы (я, Сеф, Гриша Мазур, Иосиф в разное время, на разных лагпунктах) убеждали, что Запад никакой войны не начнёт. Западная Украина и Прибалтика на многие десятилетия (история не знает выражений «навсегда», «навеки») вошли в состав СССР, и организовывать национальную жизнь надо с учётом правления советской власти. Евреям этого не удалось, более того — советская власть добивала уже после войны остатки еврейской национальной культуры.

У Иосифа лучше складывались отношения с прибалтами, у меня — с украинцами. Хочу обратить внимание на одно противоречие, которое мы так и не сумели преодолеть. С одной стороны, «западники» были идейными врагами советской власти, с другой — антисемитами, которые принимали участие в уничтожении евреев. Общаться друг с другом в такой атмосфере было сложно.

* * *

Осенью 1955 года была в СССР принудительная подписка на заём. Заем распространялся на лагеря. Трудно себе представить, что заключённые, сидевшие по 58-й статье, многие из которых с оружием в руках сопротивлялись советской власти, поддержат её своими жалкими рублями, оторванными в буквальном смысле от скудного куска. И Хорол, и я отказались подписываться на заём. Будь что будет. Не знаю, что нам записали в дело. Если бы такой отказ последовал в 52 году, нас бы сгноили в карцере или намотали второй срок. Но в 55 году всё сошло с рук, даже в карцер не посадили.

Более того, мы пошли к литовскому лидеру. (Я не помню точно его фамилии, что-то похожее на Журайкис, а может быть, Жукас) Иосиф был с ним в хороших отношениях, вел длительные разговоры на всякие политические темы, и поэтому он мог ему сказать: «Ты же идейный враг советской власти. Как ты можешь поддерживать коммунистов — чекистов? Сталина уже нет. Чего ты боишься? Карцера?» И литовец забрал свою подпись под займом обратно. Это потребовало особого мужества. Вспомнит ли он сегодня Иосифа?

* * *

Для характеристики положения в лагерях к началу 1955 года хочу привести цитату из книги Я.Я. Цилинского [35]. В предисловии к книге Е. Шаповал писал: «Развился пассивный саботаж — в ответ на усиление режима и ухудшения условий быта — резкое сокращение выработки. Система Особых лагерей стала давать трещины. Лагерная администрация, куда сливались подонки из органов и армии, погрязла в коррупции и пьянстве и была не способна остановить этот процесс».

А.И. Солженицын писал: «И мы, освобождённые от скверны, избавленные от присмотра и подслушивания, обернулись и увидели во все глаза, что тысячи нас! Что мы — политические! Что мы уже можем сопротивляться».

После смерти Сталина открытое сопротивление («волынки» — восстания) испугало московское начальство. Началось облегчение режима: сняли номера, перестали закрывать на ночь бараки, сняли ограничения на переписку, резко упал интерес начальства к доносительству. Запахло общей реабилитацией, освобождением заключённых и страхом начальства перед будущими свободными людьми. Может быть, поэтому наши дискуссии, наши протесты, наши неосторожности сходили нам с рук.

В начале января 1956 года меня этапировали на переследствие в Москву. Запахло свободой. Перед моим этапом Иосиф пошутил: «Приедешь в Москву, в Бутырку, соберёшь как представитель организационного комитета второй по величине партии в Советском Союзе пресс-конференцию и объявишь о своих политических требованиях. Заодно расскажешь о положении в лагерях». Это было за два месяца до доклада Хрущёва на 20-м съезде КПСС. Мы живо разыграли сценку пресс-конференции. Предполагаемые вопросы западных журналистов казались нам очень смешными.

Я не знал, что Иосиф в 1954 году на переследствии заявил, что весь перечень обвинений 1951 года есть его убеждения.

* * *

Хочу сделать одно лирическое отступление. Этап, в котором я должен был быть отправлен в Москву, собирался медленно, объезжал все лагпункты Песчлага. Мороз был за сорок градусов, грузовик открытый. Перед каждым лагпунктом нас спускали с машины немного попрыгать, капельку согреться. На одном из лагпунктов мне удалось встретиться с Р. Сефом, моим лагерным товарищем. Надзиратель, которого повстречал Сеф после нашей встречи, спросил:

– Сеф, чему с утра радуешься?

– Да вот Мельникова повезли на освобождение.

– Мельникова? — переспросил надзиратель, — Значит, пришёл конец советской власти!

Я привожу этот рассказ для того, чтобы показать ощущение неопределённости и неуверенности среди лагерной администрации. Надзор тревожился о собственной судьбе: если «мельниковы» будут освобождены, что будет со слугами надзора? Они боялись нас! Отсюда шло режимное послабление.

Меня освободили в конце апреля, уже после 20-го съезда, так что о положении в лагерях мир узнал из доклада Хрущёва, а не от меня.

Летом 1956 года я встречал Иосифа Хорола и Меира Гельфонда [36] в Москве. Поселился Иосиф у своего друга на Сивцевом Вражке, прожил там несколько дней. И уехал в Одессу.

Наверное, с год мы переписывались, а потом переписка оборвалась. С Меиром Гельфондом я встречался у Улановских, а после его отъезда — иногда бывал у Веры Фёдоровны [37], тёщи Меира. Я знал, что Иосиф вернулся в университет, но не на юридический, которого уже в Одессе не было, а на исторический.

* * *

Кстати, о юридическом факультете Одесского университета. Университет был открыт в 1865 году. В него входили три факультета: историко-филологический, физико-математический и юридический. Четвёртый факультет — медицинский — был открыт в 1900 году.

После революции началась перестройка высшего образования. Выпускник Одесского университета О.И. Хмельницкий в 1919 году был назначен наркомом юстиции Украины. Выступая на III Всеукраинском съезде Советов, он так определял свое понимание конституции: «Конституция есть такой закон страны, который закрепляет в общей форме государство за тем или другим общественным классом и соответственно с этим устанавливает для одного класса полноту прав, а для другого — полноту бесправия». Почти сразу бесправие распространилось на евреев. Далее нарком заявил: «Мы отрицаем так называемую демократию, то есть тот общественно-государственный строй, в котором все граждане пользуются одинаковыми правами...».

При таком понимании юридических проблем университет оказался ненужным. В 1920 году Новороссийский университет был реорганизован в ряд институтов — народного образования, социального воспитания, физико-химико-математический, профессионального образования. В 1933 году опомнились, и университет был восстановлен под названием Одесский университет, но без юридического факультета, который был вновь открыт только в 1947 году.

Первый послевоенный выпуск студентов юридического факультета должен был состояться в 1952 году. Процесс Хорола и его друзей сильно напугал одесское и вообще украинское начальство. Под их носом, по явному их недосмотру была создана еврейская сионистская группа. За это университет должен быть наказан. И наказали: в 1954 году закрыли юридический факультет. Уже после смерти Сталина

И только в 1961 году были восстановлены в Одесском университете заочное и вечернее отделения юридического факультета. Всё ещё был страх, свежа была в памяти группа Хорола. Дневное отделение было открыто в 1966 году. 15 лет тряслись от страха украинские юристы, испугавшись шести еврейских юношей

* * *

В отличие от многих молодёжных групп, арестованных в конце сороковых — начале пятидесятых годов прошлого века, об одесской группе было упомянуто в газетах.

Первой отозвалась газета «За Наукову думку», орган ОГУ, выходящая на украинском языке. Название статьи «Быть бдительным — обязанность коммуниста». Автор И. Гайовенко.

«Длительный период партийная и комсомольская организации юридического факультета мирились с враждебными поступками отдельных преподавателей и студентов. Только в последнее время тут была вскрыта группа еврейских буржуазных националистов, которые проводили подрывную работу, разлагая трудовую и партийную дисциплину, распространяя контрреволюционные анекдоты и шуточки (высказывания). Партийная организация знала о враждебном прошлом декана этого факультета Ивана Середы, про моральное разложение Нуделя и других. Однако мирились с этими фактами, проявляя политическую слепоту» (перевод А. Монастырского, на ксерокопии нет числа).

На заметку в университетской газете отозвался К. Тарасенко, секретарь Одесского горкома КП Украины. В газете «Сталинское племя», органе ЦК и Киевского областного комитета ЛКСМ Украины, была в начало 1953 года напечатана его статья «Ротозеи — пособники врага». Вот из неё отрывок: «Об этом наглядно свидетельствует разоблачение органами государственной безопасности СССР банды врачей-убийц, продававших за доллары свои чёрные, мерзкие души американской и английской разведке.

Факты говорят о том, что революционная бдительность не везде ещё поставлена у нас на должную высоту. Чем иным, как не притуплением политической бдительности и ротозейством, можно, например, объяснить, что в Одесском государственном университете орудовала подлая группка еврейских буржуазных националистов-сионистов? Руководство университета и комсомольская организация допустили ротозейство, вовремя не дав должной политической оценки этому факту.

Не так давно на юридическом факультете, где, казалось бы, бдительность должна быть особенно развита, был разоблачён некий Зиздо — человек с тёмным прошлым, пробравшийся в университет. Угодничая, подхалимствуя, этот проходимец маскировался до пятого курса».

И как бы подводя итог «Комсомольская правда» в субботнем номере за 21 февраля 1953 года, за две недели до смерти Сталина, печатает статью «Настойчиво воспитывать политическую бдительность», в которой автор пишет: «Украинская газета "Сталинское племя" напечатала обстоятельную статью "Ротозеи — пособники врага", в которой приводятся факты, говорящие о ротозействе в некоторых комсомольских организациях, о царящем там настроении благодушия и политической беспечности.

Чем иным, как не притуплением политической бдительности и ротозейством, — говорится в статье, — можно, например, объяснить, что в Одесском государственном университете орудовала подлая группка еврейских буржуазных националистов — сионистов? Руководство университета и комсомольская организация допустили ротозейство, вовремя не дав должной политической оценки этому факту».

Можно сказать, что со смертью Сталина закончилась кампания нападок на «Малый Совнарком»

* * *

В 1968 году, в августе, во время чешских событий я и моя жена Ира побывали в Одессе. В квартире на проспекте Мира, куда мы зашли, чтобы повидаться с Иосифом, нам сказали, что он в Риге. Щуровецкого мы тоже не застали.

Через год, проездом из Караганды у моих родителей остановилась Эмма Борисовна Парсегова. В 1955 году Эмма Борисовна работала зубным врачом на Фёдоровке. Она всегда очень доброжелательно относилась к евреям и всячески им помогала, и Иосифу тоже. Со мной у неё были особо тёплые отношения, наверное, потому что я был самым молодым на лагпункте. Мои родители останавливались у неё, когда приезжали ко мне на свидание. Она или не боялась или делала вид, что не боится. Всё-таки она была капитаном медслужбы войск МВД и работала в зоне. Такая работа давала хороший заработок, потерять его было бы жалко. Вплоть до самого отъезда в Израиль у меня с ней сохранились дружеские отношения. Вот она и сказала нам, что Иосиф уехал в Израиль. Откуда она об этом узнала, мне неизвестно. Лишних вопросов я не задавал.

Однажды в газете промелькнуло сообщение, что в Вене «злобный антисоветчик и сионист Хорол» встречается с советскими туристами и склоняет их к предательству. Я подумал, что Хорол на месте.

ПОДЕЛЬНИКИ ХОРОЛА

Здесь я хочу ещё раз коснуться очень деликатной темы — отношений Хорола со своими подельниками. Она ещё и потому деликатна, что четверых уже точно нет в живых, а двое (Гарцман и Фланцбаум) потеряны, и судьба их мне неизвестна.

Дружная студенческая компания развалилась сначала на две, а потом на три части. В первую группу попал только Иосиф, во вторую остальные пятеро. Потом распалась и пятёрка. Л. Монастырский, А. Шнейдеров и Б. Щуровецкий поддерживали дружеские отношения до конца жизни. Гарцман и Фланцбаум исчезли с их горизонта. Как прошла их жизнь, никто не знает.

В том, что компания разбежалась, нет ничего уникального: школьные и студенческие компании, как правило, быстро распадаются, жизнь разносит людей в разные стороны, даже если они живут в одном городе, общаются редко. Компании фронтовиков, подельников или лагерных друзей тоже недолговечны, хотя их объединяет сильный и долгоживущий сентимент. Иногда разрывам способствуют взаимные претензии.

Первая претензия к Иосифу, абсолютно вздорная, возникла в 1954 году на переследствии, когда выяснилось, что Немиринская — агент КГБ. В круг друзей Немиринскую ввёл Иосиф. Знакомы все были раньше, она была такой же студенткой юрфака, но в компанию попала в качестве подруги Иосифа. Иосиф не знал и не мог знать, что она стукачка. Стукачом мог быть любой: молодой и старый, мужчина и женщина, родственник и чужой. При общительности студенческой компании запустить туда стукача было простым делом. И ведь он был. И, наверное, не один. Была ошибка в выборе знакомых, это очевидно. Враждовать из-за этой ошибки несправедливо и абсурдно. Но я думаю, что эта претензия была реакцией на что-то более важное.

Несмотря на то, что Иосиф добровольно и сознательно выбрал линию поведения и остался в тюрьме, а пятеро вышли на свободу, они испытывали не только радость, но и некие угрызения совести. Очень и очень сомневаюсь, что их отношение к советской власти, к антисемитизму на воле и в лагере, который, как я уже писал, зашкаливал, сильно изменилось. Отсюда родилась претензия: «Почему он нас не предупредил о своей линии повсдения?» Такой возможности у Иосифа не было.

Когда я в начале 1956 года этапировался на переследствие,

Иосиф мне шутливо заметил: «Приедешь в Бутырку, соберёшь пресс-конференцию и изложишь там свои взгляды». Шутливость и ехидство этого замечания совершенно очевидны. Такую пресс-конференцию Иосиф не мог созвать в Одесской тюрьме, не мог собрать своих подельников и изложить им свою линию поведения, попробовать найти общие границы. Факт, что никому из пятерых больше не дали срок, говорит только о том, что всю ответственность он взял на себя. Из лидера превратился в волка-одиночку. Недаром он любил ивритское выражение «зеевбодед» — одинокий волк. Из гамлетовской дилеммы «быть или не быть», Иосиф выбрал быть — быть борцом против советской власти, быть борцом за сионизм. И это сильно раздражало его бывших подельников. Они вышли чистыми — вроде бы «мальчика и не было».

Ну, и третье. Летом 1956 года Иосиф вернулся в Одессу. Юрфак был закрыт. Ребята уже были как-то устроены. Щуровецкий ушёл в спорт, Шнейдеров успешно учился в строительном институте, по-видимому, на экономическом факультете, ведь он в конце концов стал крупным специалистом в области экономики стройматериалов. Л. Монастырский, кажется, учился на геологическом факультете (там была специальность — строительство фундаментов так называемого нулевого цикла). Гарцман и Фланцбаум как-то сразу откололись и испарились с общественного горизонта.

Все вели себя тихо. Рты были напрочь закрыты. А. Монастырский рассказывает, что в один из первых дней после освобождения они пошли в ресторан отметить такое важное событие и там случайно встретили одного из своих следователей, который им сказал: «Ребята, учтите, мы как работали, так и работаем, и если завтра опять скажут сажать — у нас материалы готовы на новую жатву, берегите себя, сторонитесь любых сомнительных ситуаций».

Под знаком «берегите себя, сторонитесь любых сомнительных ситуаций» они прожили, если не всю жизнь, то её значительную часть.

Иосиф так жить не хотел. И это было для всех раздражающим упрёком. Я не только не вправе судить их, я вообще не хочу судить их. Каждый вправе жить как он хочет. Быть смелым в 2013 году в Израиле легко и просто.

Иосиф продолжил путь борьбы, путь сионизма. Он поступил на истфак, но основным его интересом был сионизм. Иосиф стал активным участником сионистского движения в СССР. Он создавал группы по изучению еврейской истории, участвовал в распространении еврейского самиздата. С одной стороны его сионистская деятельность вызывала реакцию местного КГБ, а с другой Одесса перестала быть сионистским центром. Евреев было много, но ехать в Израиль хотели далеко не все. И ведь совсем не случайно в семидесятых годах самыми активными «ношрим» — прямиками, антисионистами, которые пробили дорогу из СССР через Рим в Америку, были одесситы.

В 1960 году Иосиф и Итта подают документы на выезд в Израиль и получают отказ. Жить в Одессе стало опасно, и они переезжают в Ригу. Вся послелагерная жизнь и борьба Иосифа и Итты была на глазах хотя бы части его подельников. Это раздражало их и вселяло страх. Никто из них не репатриировался в Израиль. 9 лет Хоролы прожили в отказе и только в 1969 году смогли уехать в Израиль.

Вот такой конец группы «Малый совнарком»: Монастырский уехал в Германию, Щуровецкий — в Америку, Шнейдеров умер в Москве, Гарцман и Фланцбаум пропали, о них никто ничего не знает.

ПРИМЕЧАНИЯ

[1] URL: http://berkovich-zametki.com/2005/Starina/Nomer9/Melnikov1.htm

[2] URL: http://berkovich-zametki.com/Avtory/Ulanovskaja.htm

[3] URL: http://berkovich-zametki.com/2010/Starina/Nomer3/Gelfond1.php

[4] Савланут — терпение (иврит.)

[5] Жан Лепаж (1746–1834) — оружейный мастер, выпускавший дуэльные пистолеты. Мастерскую отца унаследовал его сын Жан-Андре-Проспер-Анри Лепаж (1792–1854). Пистолеты отца и сына были высокого качества и дорого ценились.

[6] ОГУ — Одесский Государственный университет.

[7] КИКИ — Киевский институт киноинженеров.

[8] Айзенштадт Гиля. Родился в 1918 году. Участник ВОВ. Ст. лейтенант, командир батареи. После войны — начальник текстильного цеха в Ленинграде. В 1951 году в Ленинграде была арестована большая группа евреев, обвинённых в сионизме. Всем дали по 25 лет ИТЛ. Он освободился в 1956 году. Я сидел с четырьмя людьми из этой группы — Гилей Айзенштадтом, Зямой Фридманом, Фалей Кузнецовым и Изралиевичем. В 1977 году Гиля уехал в Америку. Последний раз я его видел в 1976 году незадолго перед отъездом в Израиль.

[9] Горелик, кажется, был из Гомеля. Работал бухгалтером в артели промкооперации. Сидел по делу председателя промкооперации Белоруссии Марголина, который был обвинён в сионизме.

[10] Прусс Виктор Виньяминович — фронтовой приятель Марголина. Прусс работал в Белорусском представительстве в Москве. Проходил по делу Марголина. Находился в заключении с 1950-го по 1956 год. Я с ним встречался в Москве в 1956–1957 годах.

[11] Гольдштейн Павел Юрьевич(1917–1982). Окончил истфак Московского университета. Арестован в 1938 году. В лагере в Мордовии получил второй срок — ещё 10 лет. Всего просидел 17 лет. Освободился в 1956 году. Последний год в лагере (Песчлаг, Фёдоровка) был нарядчиком. Во время хрущёвской «оттепели» полностью реабилитирован. С 1957 года — научный сотрудник Московского литературного музея. При первой возможности в 1971 году репатриировался и жил в Иерусалиме. Основал и был бессменным редактором религиозно-философского и литературного журнала «Менора». Последние годы жил в Хевроне. Умер Павел Гольдштейн 10 марта 1982 года, похоронен в Иерусалиме на Масличной горе.

[12] Славин, кажется, из Гомеля. В 1956 году ему было лет 50–55. Токарь по дереву. Осуждён по делу Марголина.

[13] Нанкин Аркадий — мой сосед по дому в Москве, в 1942 году был сильно избит мальчишками из нашего дома. Ему устроили «тёмную». Причина — Аркадий был ярко выраженный еврей. Он был на два-три года старше меня. Закончил 212-ю школу в 1948 году. Следы потеряны.

[14] В газетах Келдыш назывался «теоретиком космонавтики». Вошёл в историю как сторонник антисемитской практики в научных и высших учебных заведениях СССР. Выступал против диссидентов.

[15] «Государственный антисемитизм в СССР. 1938–1953 гг.». Сборник документов. Под общ. ред. акад. А.Н. Яковлева. Составитель — Г.В. Костырченко. М.: Издательство «Материк», 2005.

[16] Авраам Шифрин. Избранные статьи.
URL: http://www.rulit.net/books/izbrannye-stati-read-277565-1.html

[17] СДР (Союз борьбы за дело революции) — Антисталинская организация, созданная в Москве в августе 1950 г. В январе — марте 1951 года разгромлена. В КГБ называли СДР «Еврейской молодежной антисоветской террористической организацией, именовавшей себя "Союзом борьбы за дело революции"». По процессу проходило 16 человек, и я в том числе. Троих приговорили к смертной казни и расстреляли.

[18] Латкин-Турков Владимир — друг и подельник Кости Богатырева (1924–1989). Родился в Москве. В 1942 г. поступил в офицерское училище. Воевал, командир артвзвода. Другими командирами взводов были К. Богатырев и Г. Кузменко, с которыми подружился на всю жизнь. В 1946 г. демобилизован. Учился в Тимирязевской академии. В 1951 г был арестован. Получил 25 лет ИТЛ. Освобождён в 1956 г

[19] Богатырёв Константин Петрович (1925–1976) — российский филолог, поэт-переводчик, специалист в области немецкой литературы. Отец — профессор МГУ. Закончил военное училище, воевал в артиллерии. Демобилизовавшись, поступил на филологический факультет Московского университета. В 1951 году Богатырёв арестован по доносу. Обвинялся в попытке государственного переворота и убийства всех членов правительства. Осуждён по статьям 58–10 и 58–11,

приговорён к смертной казни, заменённой 25 годами лишения свободы. Срок отбывал в Воркутлаге, где начал переводить с немецкого стихи любимых поэтов, которые помнил наизусть. Реабилитирован в 1956 году, вернулся в Москву, окончил филологический факультет университета. Занимался переводами с немецкого. В 1976 году неизвестные нанесли Богатырёву несколько смертельных ударов кастетом. Его убийцы не были найдены. Говорили, что убит был за диссидентскую деятельность.

[20] Фрид, Дунский, Левенштейн, Левин, Михайлов, Бубнова, Ермакова и другие. В апреле 1944 года эта группа была арестована по обвинению в террористических намерениях. По этому делу проходили студенты московских высших учебных заведений. Всего было арестовано 13 молодых людей. Группе вменялась подготовка покушения на Сталина во время его проезда по Арбату в Кремль. Срока были разные. В 1957 году все были реабилитированы.

[21] «Континент», 2007. № 132. Стр. 132.

[22] «Дело ЗИСа». В начале 1950 года МГБ СССР занялось разоблачением «сионистского заговора» на автозаводе. Для расследования была создана комиссия во главе с Хрущёвым. По материалам комиссии были произведены аресты. Директора пощадили. С евреями решили не церемониться. На заводе было арестовано 48 человек. По «Делу ЗИСа» были расстреляны девять человек, остальные осуждены на длительные сроки заключения в тюрьмах и лагерях.

[23] «Дело КМК» (Кузнецкий металлургический комбинат). В течение сентября — декабря 1950 года из КМК было уволено 35 руководящих работников, имевших связь с нелегальной синагогой. Кроме того, ещё

семеро были арестованы. Их передали следственной части по особо важным делам МГБ СССР. В апреле 1952 года предварительное следствие по «делу КМК» было завершено. По приговору суда расстреляли четверых, троим дали по 25 лет, а одному — 10 лет. После смерти Сталина все были реабилитированы.

[24] Черкасов П.П. ИМЭМО. Портрет на фоне эпохи / Глава 1. «Гибель института Варги, или Почему был закрыт институт мирового хозяйства и мировой политики (1947 год)». М.: Издательство «Весь Мир», 2004. Стр. 62.

[25] Улановская Надежда Марковна(1903–1986) Образование: Одесская гимназия 1920 году, в 1930-е годы — институт иностранных языков. Разведшкола. Участие в гражданской войне в России на стороне большевиков. С 1921 года по 1937 год вместе с мужем работала в советской разведке в Европе, Китае и Америке. После увольнения из разведки — переводчик и преподаватель английского языка. Во время ВМВ персональная переводчица зарубежных корреспондентов. Арестована в 1948 году по обвинению в связи с иностранцами. Приговор: 15 лет ИТЛ. Освободилась в 1956 году. В 1973 году уехала из СССР в Израиль вслед за семьей дочери, жила в Иерусалиме.

[26] Улановская Н.М., Улановская М.А. История одной семьи. СПб.: Издательство «Инапресс», 2003. Стр. 137.

[27] Лясс Ф.М. Последний политический процесс Сталина. Иерусалим: Издательство «Филобиблон». Стр. 155.

[28] «Вести», приложение «Окна», 01.10.2012.

[29] «Вести», приложение «Окна», 21.07. 2011.

[30] Сеф Роман Семёнович (Роальд Семёнович Фа-

ермарк) (1931–2009) — детский поэт, писатель, драматург, переводчик. Родился в Москве в семье партийных работников. Сеф — партийный псевдоним отца, Семёна Ефимовича Фаермарка. В 1936 году родителей Сефа репрессировали. Отец был расстрелян, а мать отправлена в лагеря. Мальчик остался на попечении бабушки. В 1946 году Романа с матерью, вернувшейся из заключения, выслали в г. Малоярославец, где они прожили три года. В 1949 году мать выслали в Красноярский край. В МГУ Сефа не приняли, так он был сыном репрессированных родителей. После окончания школы перепробовал множество профессий. Работал и водителем автобуса Союза писателей. В 1951 году был репрессирован. Осуждён ОС на 25 лет ИТЛ. В 1956 году был реабилитирован. Учился на факультете журналистики МГУ, но университет так и не закончил. В 1962 году был принят в Союз театральных деятелей, в 1966 году — в Союз писателей СССР. Р.С. Сеф умер 20 февраля 2009 года. Похоронен в Москве на Кунцевском кладбище.

[31] Марголин Юлий Борисович (1900–1971) — русско-еврейский писатель, публицист, историк и философ, сионист. В 1939 году приехал в Польшу навестить родителей. Начало Второй мировой войны застает его Пинске. В 1940 году арестован НКВД и без суда отправлен в ГУЛАГ. В 1946 году он, как польский гражданин, уехал в Польшу, а оттуда — в Палестину. В Тель-Авиве написал книгу «Путешествие в страну Зека» о советских лагерях. Эта книга на много лет раньше, чем книги Солженицына, поведала о ГУЛАГе. В 1950 году Марголин выступил в ООН с личными свидетельствами о советских лагерях в системе ГУЛАГ. Показания Марголина произвели большое впечатление. В 1951 году Марголин участвовал в индийском Конгрессе Деятелей

Культуры в Бомбее и добился принятия резолюции протеста против системы концлагерей.

[32] Попов Благой (1902–1968). В поджоге рейхстага на Лейпцигском процессе в Германии в 1933 году обвинялись пятеро коммунистов: голландец Ван дер Любе, немец Эрнест Торглер и три эмигранта из Болгарии — Георгий Дмитров, Благой Попов и Василь Танев. Виновным в поджоге признали Ван дер Любе и присудили его к смертной казни. Остальных отпустили. Впоследствии Торглер сотрудничал с нацистами. Болгары переехали в Москву. Судьба их разная. Димитров встал во главе Коминтерна, а после Второй мировой войны был премьер-министром Болгарии. Попов в 1937 году был арестован, около 17 лет находился в заключении. В 1954 году освободился и вернулся в Болгарию. С 1954 года занимал руководящие должности в министерстве культуры, министерстве иностранных дел НРБ. С 1964 года — персональный пенсионер. Относительно Танева существуют две версии. По первой он был осуждён в 1937 году и умер на Колыме. По второй — занимал руководящие должности в Профинтерне. После начала Отечественной войны в составе специальной группы вылетел в Болгарию для действий в тылу фашистских войск. Группа по ошибке была выброшена в Греции. В октябре 1941 погиб в бою с немцами. О смерти Танева на Колыме я слышал от Попова.

[33] См. прим. 11.

[34] Исраэль Минц.

[35] Цилинский Я.Я. Записки прижизненно реабилитированного. М.: Издательство АСТ, 1998. Стр. 6.

[36] Гельфонд Меир (1930–1985). В 1949 году был арестован за сионистскую деятельность, осуждён и пробыл в заключении до сентября 1954 года. После

освобождения в 1955 году поступил в мединститут в г. Караганда (Казахстан); одновременно работал фельдшером. В 1957 году перевёлся в мединститут г. Калинина, а затем в 1959-м году — в Московский мединститут, который закончил в 1961 году. С 1961-го по 1971 год работал врачом-терапевтом во Втором и Первом московских мединститутах. В 1968 году защитил кандидатскую диссертацию о лекарственных препаратах при лечении крайней степени сердечной недостаточности. Преподавал на старших курсах мединститутов. Репатриировался в Израиль в 1971 году. В Израиле Меир Гельфонд работал врачом-кардиологом в больницах «Бейлинсон», «Меир», «Ихилов» а также терапевтом в кибуце Гааш. Умер Меир Гельфонд 1985 году от рака лёгких. Похоронен в кибуце Гааш. В больнице «Меир» установлена в его честь мемориальная доска.

[37] Вера Фёдоровна Левчук — тёща Меира Гельфонда, лечащий врач академика Сахарова.

ЧАСТЬ ВТОРАЯ

В ИЗРАИЛЕ

НОВАЯ ВСТРЕЧА

В 1976 году я с семьёй переехал в Израиль.

Иосиф и Итта нашли нас в первую же неделю. И опять пошли споры-дискуссии. И опять я восхищался его умом, его пониманием внутренней и внешней политики Израиля. Итточка безропотно отвозила нас в Реховот в 2–3 часа ночи. Кто сказал, что дискуссии должны быть долгими, шумными? Достаточно одной короткой фразы — и потом многие месяцы раздумий и поисков доказательств.

Ирина и Владимир Мельниковы с сыном Мишей, 1976 г.

Наш олимовский сионистский багаж был, мало сказать, скуден. Из сионистских деятелей слышали мы о Бен-Гурионе, о Голде Меир, одноглазом Даяне, Рабине и Шароне. Как же не знать

Шарона? Он ведь фор-
сировал Суэцкий канал.
Наши приятели в Москве,
знакомые с военным де-
лом, утверждали, что
форсирование 150-ме-
трового канала — неве-
роятно сложная задача, с
которой Шарон элегант-
но справился. Пример-
но этим ограничивалась
сумма знаний о полити-

Итта и Иосиф Хорол в Израиле, 1977 г.

ческих деятелях в Израиле. Добавить ещё надо Жаботинского.
Но, я думаю, даже сегодня далеко не все смогут объяснить, в чём
была суть спора между Бен-Гурионом и Жаботинским. Ещё с восторгом произносили слово «кибуц».

В политическую жизнь Израиля вводил меня Иосиф, рассказывая и объясняя разные ситуации. И, тем не менее, на выборах
в 1977 году я не голосовал.

КАК МЫ ПОКУПАЛИ КВАРТИРУ

Как всегда в жизни, не только хлебом единым, хлебом политики заполнялась наша жизнь. В 1977 году мы решили купить
квартиру. Итта и Иосиф нас всё время подталкивали: «Покупайте, пока цены стабилизировались. Пройдут выборы — цены
подскочат». Сами они жили в Тель-Авиве на шоссе Атаясим в маленькой квартире на последнем этаже. Их дом я называл «дом в
тельняшке» — за его длинные окна.

И жена, и я, коренные москвичи, привыкли жить в большом шумном городе, где есть автобусы, трамваи и метро. Реховот, где находился наш центр абсорбции, был симпатичным, но маленьким городком. Хотелось в Тель-Авив. Мы смотрели квартиры в Тель-Авиве, Холоне, Бат-Яме, Гиватаиме, Азуре, но ничего не смогли найти. Квартиры были или слишком дорогие, или очень маленькие. Кроме того, мы не хотели переводить сына из школы в школу. Поэтому остановились на Реховоте. Если к Реховоту Иосиф относился положительно, хотя, конечно, считал Тель-Авив лучше, то к перемене школы насмешливо-отрицательно. «Зря боитесь. В каждой новой школе он будет на ступеньку выше». И здесь он оказался прав.

Легко сказать «покупайте». Ира день за днём сама и с разными посредниками проходила квартиру за квартирой. Были смешные случаи. Однажды в объявлении вместо пяти было написано «три комнаты», и мы попали в роскошную пятикомнатную квартиру, увы, слишком для нас дорогую, в другой раз был пентхауз. Но это всё курьезы. Вечером мы смотрели квартиру, договаривались, а утром нам отказывали — никто не верил, что государство может дать большую машканту, да ещё вовремя. Государство олицетворялось Сохнутом. «Вы наивны: Сохнут вам такой ссуды никогда быстро не даст, а мы не можем ждать. У нас самих "горит" квартира».

И вдруг мы нашли человека, который продаёт очень большую квартиру в центре города и недорого. Более того, он верит в Сохнут и согласен уже завтра подписать предварительный договор (зихрон-дварим). Радости нашей не было предела. И всё-таки мы побоялись сами подписывать договор. Мы позвонили Хоролам.

- Конечно, мы приедем, — хором ответили Итта и Иосеф, — но у нас нет машины.

– Как нет машины! Где же она?

– Ее ночью украли.

Еврейское счастье. У Хоролов была тогда «форд-кортина», мощная и большая, далеко не новая, и выглядела она без блеска. Ах, как в ней было ночью приятно и уютно дремать, когда нас везла домой Итточка.

Нет машины — «это беда, но не катастрофа». Мы приехали за Хоролами. Была пятница, часов пять-шесть. Лето, ещё светло, но уже торговый Реховот замер. Замерло и движение. Я остановился на ул. Герцль.

– Почему мы не едем?

– Да вот приехали.

Дом, в котором мы хотели купить квартиру, стоял на противоположной стороне улицы, торцом к проезжей части.

– Ребята, вы что, чокнулись? Все наши разговоры о том, где и как надо покупать квартиру, прошли даром? Это же центр города, центральная улица, всегда шум и загазованность. Кругом магазины, одни будут закрываться, другие на их месте открываться. Нет двора, нет стоянки для машины.

И повернувшись к Ире, Иосиф продолжал:

– Вместо магазина откроют массажный кабинет. Ты знаешь, что это такое?

Ира молча кивнула. В Израиле массажный кабинет был синонимом публичного дома.

– Через несколько лет твои мальчики туда будут заходить, благо близко, под ногами, и им как соседям будут делать скидку.

Ира побледнела от испуга.

– Да ещё с пяти утра до двух ночи там будет работать типография. Мы с Иттой не только не выйдем из машины, но и вас не выпустим. Поехали ужинать.

Из дома мы позвонили, что не будем подписывать договор.

Через несколько дней я был в городе и ещё раз обошёл дом. И вдруг на первом этаже увидел типографию. Откуда о ней мог знать Иосиф? Она действительно гудела. До сих пор, проходя мимо этого дома, я ищу массажный кабинет. Пока нет. Но может быть, он открыт под другим названием?

Квартиру мы купили на тихой улочке с односторонним движением.

Хозяин квартиры помог нам получить машканту за несколько часов.

ПОЛИТИКА В ИЗРАИЛЕ

Выборы в Кнессет в 1977 году были досрочные. Мы были меньше года в стране и мало что понимали. Я не испытывал ни любви, ни ненависти ни к одной из партий в Израиле и был готов к любому диалогу.

Агитировали не столько за вступление в партию, сколько за то, чтобы человек проголосовал за определённую партию. Это было для нас ново. Всё было внове. Для меня и моей семьи это были первые в жизни свободные выборы. Всё казалось очень важным. За кого голосовать? Бегин или Перес? Я приехал в Израиль без партийных убеждений. Мне нужно было набраться собственного местного опыта, чтобы с чистой совестью бросить бюллетень в урну. Первым и самым главным моим советчиком был Иосиф.

Сегодня все вопросы о будущем премьер-министре крутятся вокруг территорий — отдавать или не отдавать, а если отдавать, то сколько и когда. Даже о палестинском государстве перестали спорить. И левые, и правые, изнасилованные американцами, согласны на палестинское государство. А в 1977 году таких споров не было, или они до меня не долетали.

Была единственная ежедневная русская газета «Наша страна». Некоторое время выходила «Трибуна» и ликудовская даже не газета, а листок «Новости недели». Увы, издавалась она очень короткое время и очень маленьким тиражом. Как только прошли выборы, деньги на издание газеты кончились: «русские» оказались опять без элементарного правого политического подхода к оценке израильской действительности. Такое положение длится до сегодняшнего дня.

В «Нашей стране» можно было хоть что-то прочитать о Рабине, Пересе, Даяне. Но были там материалы, вызывавшие отвращение. В одной статье писали, что Арика Шарона надо было отвезти в пески Бат-Яма и расправиться с ним так, как в прошлые времена расправлялись с провокаторами. Это был перевод какой-то статьи из ивритской газеты. Арик Шарон — провокатор? Арика Шарона, героя войны Йом-Кипур, надо убить в песках Бат-Яма? Это просто беспредельное хамство. Стыдно должно быть партии, которую представляют такие журналисты.

Собственно, одной из причин правительственного кризиса и новых выборов в Кнессет явилось то, что жена Рабина Лея сохранила личный счёт в банке в США и тем самым нарушила закон о валютных операциях. В то время гражданин Израиля мог иметь счёт в заграничном банке только по специальному разрешению министра финансов. Рабин, бывший послом Израиля в США в начале семидесятых, должен был закрыть свой личный счёт после окончания каденции. Он этого не сделал. И тем самым нарушил закон. Лея воспользовалась открытым счётом.

Само нарушение было даже по нищим олимовским понятиям смехотворным — сумма на счету была в 2000$. Но дело было не в сумме, а в факте: жена премьера, легендарного Рабина, вела себя как мелкий жулик, тайно, чтобы никто не знал, воспользовалась, может быть, ошибкой или халатностью мужа. Но ей было наплевать на законы. Право сильного.

Общество было возмущено. В «Нашей стране» и по ТВ шли соответствующие сообщения. В среде олим мы бурно обсуждали это событие. Возмущению не было предела. Через много лет, кажется, в 1996 году, после избрания Беньямина Нетаниягу премьером, Лея Рабин, возмущённая победой Ликуда, заявила: «У нас украли страну. Надо паковать чемоданы». У нас Лея украла Израиль в 1977 году. Разница в том, что бежать нам очень не хотелось, да и некуда было. Мы всё-таки были сионистами.

Не только у меня, но и у всех «русских» знания о внутренней жизни Израиля были минимальны. Да и почерпнуть их практически было неоткуда: «русская улица» только начинала складываться. В новинку были свободные выборы, коалиционное правительство, политические принципы.

* * *

В формировании «русской улицы», в её «правизне» Иосиф участвовал самым активным образом. Его квартира в Тель-Авиве на улице Атаясим была неофициальным штабом алии 70-х годов, особенно для людей с правой ориентацией.

Конечно, его дом был не единственным таким центром. Были и дома Меира Гельфонда, Виктора Польского, Баруха и Лиды Подольских и т. д. У каждого была своя, если можно так сказать, клиентура, свой круг общения. Наверное, были подобные центры и у людей с левой ориентацией (например, дом Файнблюма

Слева направо
стоят: Анатолий Рубин, женщина, Барух Подольский, Парташников,
Итта Хорол, Бартов, Тина Бродецкая, Иосиф Хорол,
сидит третий слева Буби Цейтлин

в Беэр-Шеве, квартира Левиных в Реховоте), но я практически не бывал там.

Когда началась предвыборная кампания, стали собираться по частным квартирам домашние кружки (на иврите «хуг баит»), куда приглашались ведущие партийные деятели (иногда очень известные) и личные знакомые хозяев. «Хуг баит» — принятая и очень удобная форма агитационной работы в Израиле. Маленькое помещение и относительно небольшая аудитория давали возможность чуть ли не персонально вести агитацию. Эта форма политической деятельности просто не существовала в СССР.

Я думаю, что «хуг баит» нельзя сравнивать с системой «кухонных посиделок» в Советском Союзе в шестидесятые — семидесятые годы 20 века. Формально есть сходство: маленькое, частное помещение, ограниченный круг гостей и более или менее откровенные разговоры. Однако было и существенное отличие. В Израиле специально приглашается партийный деятель со своей политической программой.

Несколько позже в Реховоте на квартире у Саши Вайнберга в разное время были приглашены Рафуль, Ганди, Снэ. Во всех трёх случаях было очень интересно.

На выборах в кнессет в 1977 году было много партий. Особенно заметны были Рабочая партия Маарах, Херут (Ликуд был создан уже после выборов) и религиозная партия Мафдал, коммунистическая партия, а также новая партия ДАШ. Рабочая партия была представлена такими известными деятелями, как Рабин, Перес, Голда Меир (Голда в 1977 году не баллотировалась в Кнессет), Моше Даян.

У Ликуда известных деятелей было поменьше: Менахем Бегин, Ариэль Шарон, Эзер Вейцман, Геула Коэн.

Про деятелей религиозной партии Мафдал нам вообще ничего не было известно. ДАШ вызывала большой ажиотаж, она была как бы альтернативой Рабочей партии, но о её деятелях на «русской улице» тоже информации не было. Членами ДАШ были несколько известных военных и юристов.

Из деятелей Компартии Израиля (КПИ) были известны Микунис и Вильнер. Была среди коммунистов и Тамар Гужанская, тогда ещё молодая коммунистка, которая в шестидесятые годы 5 лет училась в Ленинградском университете, но так ничего и не поняла про Советский Союз. Все олимы были против КПИ, все знали, что партия была на содержании КГБ.

В конце 1976 года кто-то распространял письмо, требующее запретить компартию. И я, и Иосиф отказались подписать такое письмо. Мы оба считали, что должна быть не полицейская, а идеологическая борьба. КПИ была по существу арабской партией, и влияние её было незначительно.

Вот в таком конгломерате мнений и партий складывались мои политические взгляды. Я человек не религиозный, и меня религиозные партии не интересовали. Иосиф, наоборот, обращал моё внимание на Мафдал и объяснял, что это партия религиозных сионистов, и с ними надо вступить в коалицию.

К партии ДАШ у меня было несерьёзное отношение. Однажды нас пригласила Гиля Ефман на «хуг-баит» к себе домой. Выступал сотрудник института Вайцмана, активный деятель новой партии. Он настойчиво напоминал, что деятели этой партии — не профессиональные политики, а просто люди, которые хотят обновления политической системы и политических лидеров в стране. Эта точка зрения поддерживалась и другими деятелями ДАШ в их редко доносившихся до нас выступлениях. Меня раздражали такие заявления. Страной должны руководить политические профессионалы, так же как промышленностью, с\х, финансами, военным делом, юстицией и т. д. Здесь у меня с Иосифом не было особых расхождений.

У меня, на самом деле, не было достаточной информации о ведущих деятелях партии ДАШ. В неё вошли известные люди: бывшие начальники Генерального штаба Игаль Ядин (Ядин был профессором-археологом) и Хаим Ласков, генералы Меир Зореа, Аарон Ярив, Дан Толковский, юристы профессор Амнон Рубинштейн и адвокат Шмуэль Тамир. Мне не было понятно, почему партия ДАШ выпячивала непрофессиональность как достоинство.

А вот относительно Рабочей партии «Маарах» были некоторые сомнения. Уж больно симпатичны были лидеры этой партии: Даян, Рабин, Голда Меир и даже Перес. Всего лишь год назад прошла операция Энтеббе. Перес был в то время министром обороны, а Рабин премьером. Медленно, под влиянием Хорола мои представления о маараховских деятелях стали меняться. Мою некоторую слабость к Рабочей партии Хорол называл «отрыжкой революционной молодости» или «отрыжкой марксизма», намекая на то, что организация, в которой я состоял до ареста и лагеря, была марксистской.

Конечно, всё моё возмущение по поводу скандального поведение Леи Рабин вылилось на голову Иосифа. «Успокойся, — говорил мне Иосиф, — я не Рабин и, слава богу, ответственность за эту стерву не несу. Но ты наивен, как девушка, не достигшая бат-мицвы. Лею выследили, подставили не политические противники, а конкуренты из её же партии. В слежке за своими товарищами нет ничего хорошего, но это даже не верхушка айсберга. В партии Авода коррупция, партийные назначения, семейственность и прочая грязь в таком количестве, что удержать уже нельзя. Мешок прорвался. И это только начало. Почти за тридцать лет бесконтрольной власти весь государственный аппарат пропитался взяточничеством, коррупцией, кумовством. А ты говоришь «Лея». Ты прав в одном — «стыдно».

Я с трудом переваривал услышанное. Я ещё видел Израиль идеальным. И опять Иосиф был прав. Вскоре разразился ещё скандал: в 1977 году покончил самоубийством министр строительства Авраам Офер после того, как юридический советник правительства отдал распоряжение о начале полицейского расследования. Через несколько лет застрелился директор банка «Апоалим» Яаков Левинсон после выдвинутых против него обвинений в коррупции. На пять лет был осуждён кандидат на пост директора Банка Израиля Ашер Ядлин. В 1979 году Шмуэль Рехтман, лучший мэр моего Реховота, стал первым депутатом Кнессета, приговорённым к тюремному заключению за взяточничество.

Теперь это никого не удивляет. Теперь чуть ли не против всех мэров уже имеются уголовные обвинения. В тюрьме сидят министры. Уголовные дела возбуждались против двух президентов. Но это и есть борьба с коррупцией. А то, что она захватила все политические партии, только подтверждает, что борьба бескомпромиссна.

— Ну, хорошо, я понимаю, — говорил я, — за много лет бессменного правления партия сгнила, и гниль переползла в госаппарат. А Ликуд? Разве он будет лучше? Коррупция, взятки, семейственность — болезни не партии, а общества. Семейственность почти нормальное состояние общества: «Ну, как не порадеть родному человечку». Разве Ликуд не заразится той же болезнью?

— Вероятно, — отвечал мне Иосиф, — но пока Ликуд не у власти, не у общественного пирога, руки у него не замараны. Ну, а когда замарает и если замарает, то и его надо будет гнать. Всё-таки идеология другая.

В мерказ-клите работала единственная русскоговорящая пкида (служащая), жена профсоюзного деятеля реховотской «Тнувы», Пнина, добрая, отзывчивая, всем помогающая женщина. Она тихим, однотонным голосом уговаривала: «Вы ещё ничего не понимаете в израильской жизни. Бегин — это война, Бегин — за богатых, Бегин урежет зарплаты, Бегин не построит для вас жилья, Бегин —фашист». По ТВ тоже показывали какие-то фильмы с «фашистом» Бегиным. На трёхдневных семинарах, которые устраивала Авода, бесплатно кормили и поили, возили на экскурсии и читали лекции. Ликуд таких семинаров делал значительно меньше.

В такой обстановке единственным серьёзным советчиком был Иосиф. Мы много раз встречались, и он объяснял положение в стране, давал характеристики различным как правым, так и левым деятелям. Я и сегодня удивляюсь, насколько они были точны. Но иногда и Иосиф ошибался.

Сначала были сомнения, за кого голосовать, которые перешли в другие сомнения — голосовать или не голосовать. Я решил не голосовать. Всякие разговоры о том, что мой голос достанется кому-то другому, не очень меня волновали. Как будут перераспределяться голоса не участвующих в выборах, я не знаю и не понимаю: это регулируется законом. Моя же совесть чиста — я не взял на себя ответственности.

Разговор о Лее Рабин, о коррупции в партийном и государственном аппаратах не забылся. Время от времени возникали скандалы в партии Авода, а вскоре и в Ликуде. Но сейчас такой скандал уже не производит впечатления. Отношение к ним ожидаемое и насмешливое. Нашалились, нахапали, попользовались, и хватит. Значительно повысился общественный контроль за госслужащими. Появились новые ограничивающие законы, например, закон о подарках.

***

На выборах победил Ликуд. Это действительно была революция. Отовсюду было слышно «Бегин — мелех Исраэль! (Бегин — король Израиля!)». Но уже на стадии формирования правительства появились недоумённые вопросы, первое разочарование. Министром иностранных дел Бегин назначил Моше Даяна. Конечно, Моше Даян был очень популярен. Моше Даян и Ицхак Рабин были самыми известными генералами израильской армии.

О них мы слышали ещё в Москве. Между тем, они были из Рабочей партии. Но не в этом дело. Их репутация в Израиле была совсем другая: во время войны Йом Кипур Даян был не лучшим министром обороны, вёл себя неадекватно и по существу не справился с должностью министра.

Как часто бывает в истории, Моше Даян оказался генералом одной войны.

Была у Даяна еще одна слабость — археология, коллекционирование древностей. Он был известным археологом-любителем. Очень часто Даян использовал своё служебное положение для проведения частных раскопок, а найденные артефакты присваивал себе, тем самым он нарушал закона об охране археологических объектов. Всего он собрал более 1000 экспонатов. Это было ещё одним примером пренебрежения общественными нормами: хочу, делаю, наплевать на всех и на все, «я — Моше Даян, мне можно». Сейчас такое бы не прошло. Совсем недавно уволили из армии двух генералов за то, что они позволили управлять служебными автомобилями членам своих семей. Раньше об этом и говорить бы не стали.

Уже после смерти Моше Даяна его вторая жена продала часть коллекции Иерусалимскому музею (Музею Израиля), но не прямо, а через американского коллекционера-инвестора. Это вызвало бурю возмущения в обществе.

Помню, как по совету Иосифа мы поехали в музей посмотреть на эту коллекцию, и впечатление было потрясающим, незабываемым, хотя мы ничего не понимаем в археологии.

И вот Моше Даяна, такого неординарного, очень противоречивого, но активного и способного человека, назначили министром иностранных дел. На фоне громких заявлений о гибкости и демократизме Бегина прозвучал тонюсенький голосок несогласия с кандидатурой Даяна, на который Бегин не обратил внимания. Голос противников Даяна был хотя и негромким, но очень существенным. Бегин в связке с Даяном смотрелись как-то подозрительно. Общество замерло в ожидании результатов такого союза. Пост министра иностранных дел, в правительстве Израиля — это второй по значимости, по влиянию пост — оказался в руках генерала Моше Даяна. Это вызвало недоумение и даже некую волну протеста.

Предвыборные обещания политиков. Бегин считал, что Синай должен остаться за Израилем. Бен-Гурион построил себе дом в Негеве, Бегин хотел построить дом в Синае. Даяну очень нравился Шарм-а Шейх. Весь мир облетело его победоносное заявление: «Лучше Шарм эль-Шейх без мира, чем мир без Шарм эль-Шейха». Ещё раньше он сказал: «Мы готовы воевать против арабов в третий, четвёртый, седьмой и восьмой раз».

После выборов 1977 года Бегин пришёл к власти. Закончились 29 лет оппозиции. Появились новые министры. Многие из них были известными генералами. Военным министром стал генерал Эзер Вейцман, боевой летчик, бывший командующий ВВС Израиля, его заместителем — танковый генерал Ципори, министром с\х был назначен генерал, герой войны Йом Кипур Арик Шарон, ярый сторонник поселенческой политики. Казалось, что генералы-ястребы определят политику Израиля. Ничего подобного не произошло. Израильские генералы — особый вид военных: сняв форму, они превращаются в мягкотелое, аморфное политическое месиво, не способное к решительным действиям.

* * *

Здесь я хочу написать несколько горьких слов об израильском генералитете. Никто из них не предложил радикальных, то есть военных, методов решения палестинской проблемы.

Не дело армии искать политические решения. На это есть политики-дипломаты. Израильские генералы были не способны предусмотреть ни Первую, ни Вторую интифады. Теория военной адекватности — порочная теория, приводящая к поражению и капитуляции. Горько.

Иосиф говорил, что исключением из генеральской каши является Шарон, который энергично взялся за строительство поселений. Большинство поселений, даже те, что были снесены в Газе, построены при его участии. По всяким международным законам нельзя конфисковать частную собственность. На частной земле нельзя строить поселения. В основном в Иудее, Самарии и Газе значительная часть земли была государственной. Ею владело турецкое правительство, затем правительство мандатория (англичане), а после иорданцы. Газа не была частью Египта, а только управлялась им. Но было много земель с неясно выраженным хозяином. Документов на все земли не было. Хорол говорил, что в этом случае лучше купить землю, даже если за это переплачиваешь. Но надо хорошо оформлять документы о покупке.

Увы, юридическая поддержка не всегда была на высоком уровне. Через 20–30 лет это стало заметно. У Шарона был помощник, кажется Цур, который занимался скупкой земель под поселения.

Вернёмся к Моше Даяну. Что мы знали о нём? Известный политический деятель, генерал, в молодости был ранен в лицо, потерял глаз. В пятьдесят шестом, в должности начальника генштаба успешно провёл операцию по захвату Синая вплоть до Суэцкого канала. Шестидневная война, а он был в то время военным министром, была его апофеозом, принесшим ему всемирную славу. А через несколько лет он позорно проиграл войну Йом Кипур. Мы и сегодня расхлебываем сваренную им кашу. О его дипломатических способностях нам ничего не было известно. Мы не знали, но Бегин знал и понимал, что Даян сильно укрепит его правительство, перетянет на свою сторону часть левых депутатов кнессета.

Строго говоря, все депутаты кнессета являются дипломатами. Ведь работа политика – бесконечный поиск компромисса, бесконечные переговоры. Пока человек дойдёт до Кнессета, а тем более до министра, он должен, обязан участвовать в десятках разных переговоров, в которых оттачивается мастерство переговорщика, то есть дипломата.

За Даяном числились и дипломатические победы. В апреле 1948 года он заключил соглашение с друзами о сотрудничестве. Друзская община является интегральной частью Израиля. Её члены служат в армии, и есть даже генералы, члены Кнессета, замминистры. В последующие годы его дипломатическая карьера продолжалась. В январе 1949 года Даян входил в израильские делегации на переговорах с королём Иордании Абдаллой, а позднее на Родосе — с представителями Египта, Ливана и Сирии.

С другой стороны, Даян был сторонником уступок и умиротворения арабов. Его воинственная репутация была обманчива. Во время Шестидневной войны через несколько часов после того, как парашютисты Моти Гура захватили Храмовую гору и подняли над ней израильский флаг, Даян приказал флаг убрать, а контроль над Храмовой горой был передан ВАКФу. С тех пор Израиль не имеет права на Храмовую гору.

Вот такого человека Бегин выбрал себе в министры иностранных дел. Конечно, всех подробностей биографии Даяна я не знал. Думаю, что и Иосиф тоже, хотя информирован был много больше, чем я. Хорол разводил руками, не зная, как объяснить выбор Бегина. Я однажды сказал, что моя осторожность, моё нежелание голосовать на выборах были оправданы. Совесть моя чиста. Я и впредь никогда не голосовал за Ликуд.

Хорол был среди тех, кто возражал против назначения Даяна министром иностранных дел. От него я впервые услышал: «Бегин — оппортунист». Через три месяца после выборов Бегин и Даян готовы были отдать весь Синай. Вот и верь обещаниям политиков и их боевым призывам.

Я уже тогда стал думать, что политический кризис в Израиле был следствием неудачной войны Йом Кипур, и не понимал, почему эту войну считали выигранной. Объяснения Иосифа меня не удовлетворяли. Мне казалось, что все участники войны, особенно руководители, находились в политической депрессии. Именно поэтому уже первые попытки начать переговоры с Египтом встретили одобрение в израильском обществе.

* * *

Но и в Египте было не всё просто. Вроде бы, Египет выиграл войну, захватил Суэцкий канал, установил границу на перевалах Митле и Гиди. Перевал Митле находится на западе Синайского полуострова, в 30 км к северо-востоку от города Суэц, перевал Гиди немного севернее. Длина перевалов — несколько десятков километров; с двух сторон горы. Митле и Гиди служат главными дорогами на Синае. Территория Синая огромна, а оперативного простора для танков нет. Перевалы Митле и Гиди закрывают движение танков.

Но руководители Египта знали, что израильские танки остановились на 101 км от Каира, и поняли, что сокрушить Израиль военным путём ещё много лет они не смогут. Вывод был для египтян тяжёлый: нужен мирный договор с Израилем. Анвар Садат в 1977 году заметил в одном из выступлений, что готов к мирному диалогу, включая визит в Израиль. Этим воспользовался Бегин, который заявил, что он был бы рад наладить отношения с Садатом, и пригласил его посетить Израиль с официальным визитом. Были достигнуты договоренности: война Йом Кипур должна быть последней арабо-израильской войной, должны быть решены вопросы безопасности и для Египта, и для Израиля, договор между Израилем и Египтом не будет сепаратным, а к нему могут присоединиться все арабские страны. Египет — самая большая и самая сильная в военном отношении арабская страна, признала Израиль и пошла с ним на мирный договор, отказавшись от Хартумской декларации 1967 года, декларации трёх «нет»: «нет» миру с Израилем, «нет» признанию Израиля, «нет» переговорам с Израилем.

Казалось бы, замечательные идеи. Их вполне можно поддержать. Но в арабском мире идея мирного договора с Иерусалимом была встречена крайне негативно, а попытка такого решения палестинской проблемы не вызвала в Израиле, мягко скажем, восторга у наиболее дальновидных политиков. Это была несомненная большая политическая победа Израиля, но с большим и тяжёлым грузом. Нужно было отдать Египту Синайский полуостров и признать «законные права палестинского народа», также предоставить автономию жителям контролируемых Израилем территорий.

Палестинцы стали понимать «законные права палестинского народа» как признание за ними права на независимое государство. Кроме того, Израиль признаёт право на создание сильной палестинской полиции. Договор был подписан Бегиным, Садатом и Картером. Подпись президента США служила юридическим обоснованием особой роли США — гаранта выполнения договора. Было очевидно, что в скором времени признание автономии выльется в требования независимого государства, а сильная полиция превратится в армию.

Это вызвало активные возражения правой части израильского общества, с которой и Иосиф, и я были полностью согласны.

Это несогласие с позицией Бегина привело к созданию правой партии Тхия.

Через несколько месяцев после выборов в Кнессет Садат приехал в Иерусалим, а потом был заключён мир с Египтом. Израиль отдал Синай, Шарм и согласился на Палестинскую автономию. Это была победа одновременно с сокрушительным поражением. Впервые в новой истории еврейское государство добровольно отдавало огромные территории, завоёванные кровью своих сынов. Отступления были и раньше, но они производились под прямым иностранным давлением, а теперь — по собственной инициативе. Ликуд раскололся.

Даян вышел из МААРАХа и создал свою маленькую игрушечную партию. Но и по Ликуду прошла трещина, которая вскоре привела к выходу из Ликуда некоторых его членов. А Бегин — Даян продолжали «поиски мира». У них родилась идея Кэмп-Дэвидских соглашений, к которым в обществе отнеслись по-разному: большая часть их приняла, меньшая — не приняла.

Те, что не приняли Кэмп-Дэвидских соглашений, вошли в новую правую нерелигиозную партию Тхия («Возрождение»), которую поддержали многие из правой интеллигенции, в том числе и Иосиф. Он стал членом её ЦК.

Основал партию Тхия, а затем и возглавил её профессор Юваль Неэман [1], один из самых крупных израильских физиков, который успел побывать у Рабина советником по борьбе с террором, а во время армейской службы был заместителем начальника военной разведки. Среди её основателей и самых деятельных членов была легендарная Геула Коэн [2] и писатель Моше Шамир, ешиботники рава Цви-Йегуды Кука из ешивы «Мерказ а-Рав», активисты «Гуш Эмуним» [3]. Таким образом, Тхия стала первой партией Израиля, где активно сотрудничали представители светского и религиозного сионизма, среди которых был рав Цви Иегуда Кук — идеолог поселенческого движения.

РУССКАЯ АЛИЯ 1970-Х И ТЕХПРОЦЕСС

Все правительства Израиля старались обеспечить научно-техническую независимость, которая в конце концов обслуживала армию. Правительство Бегина не было исключением. К 1980 году технический уровень Израиля достиг такого состояния, что можно было думать о создании своего самолёта. Этому способствовала алия 1970-х. Медленно, но верно научно-технические организации начали насыщаться русскими инженерами и учёными. Никто из них не играл решающей роли, но они создавали основу для принятия и выполнения сложных технических решений. С приездом русской алии появилось выражение «наукоёмкое производство», которое позже трансформировалось в английское «хай-тек» (Hightechnology — high-tech — hi-tech).

В начале 1980 года правительство Бегина поручило концерну авиационной промышленности и ВВС написать техническое задание будущего истребителя. Он должен был носить название «Лави». Во главе проекта был поставлен Моше Аренс. Планер и авионику должны были сделать в Израиле, мотор купить в США. К 1986 году было построено пять планеров и два прототипа истребителя готовы к лётным испытаниям.

Иосиф работал на одном из заводов концерна авиационной промышленности. Я помню, с каким воодушевлением он рассказывал о начале работ над проектом «Лави». И действительно, техническое задание было разработано за два года, а ещё за четыре — построены самолёты для лётных испытаний. Однажды он сказал мне: «Ты просто не можешь себе представить, какой станок привезли из Японии — он обрабатывает целиком крыло самолёта. Мы — маленькая страна, а подняли такой проект».

Но радость была преждевременной. Дрязги и споры принципиальные и не очень сопровождали проект от начала вплоть до закрытия. Часть израильского руководства, и в том числе Рабин, изначально были против проекта «Лави». Командование израильских ВВС считало, что своими силами Израиль не сможет справиться с бесперебойной поставкой запчастей, лётный состав хотел иметь знакомые самолёты, разного рода экономисты утверждали, что американские самолёты более дешёвые. Осторожную позицию заняли израильские военные, которые считали, что смена самолётов с американских на отечественные в условиях вероятной войны чрезвычайно опасна. Но, наверное, самым серьёзным возражением было то, что Израилю надо заниматься не самолётостроением, которое разрабатывается в ряде других стран, а новыми проектами, ещё нигде не начатыми, иметь приоритетную основу изобретения. На одновременную разработку и «Лави», и новейшей техники в других областях нет ни денег, ни технических сил.

Пока одни спорили, другие строили. И 1986 году «Лави» взлетел в небо. Это был национальный праздник. И тогда вмешались американцы. Не думаю, что они испугались конкуренции. Дело в том, что Израиль был в полной военно-технической зависимости от США, и его попытка вырваться из крепких дружеских объятий, приобрести военную независимость им не нравилась. Американцы отказались поставлять моторы и оказывать какую-либо помощь в строительстве «Лави». Израиль сдался. Надо было доделывать самолёт на свои деньги.

Я помню публикации о заседании правительства относительно проекта «Лави». Голоса разделились поровну между сторонниками и противниками. Молчала министр здравоохранения Шошана Арбели-Альмозлино. Она не знала, за кого голосовать. Ей нравился проект. И всё же она проголосовала «против», ссылаясь на авторитет Рабина, который был в правительстве Шамира военным министром.

Мы считали, что две причины лежат в категорическом неприятии «Лави» Рабиным: первая — проект возглавлял деятель Ликуда Моше Аренс, а социалист Рабин был не в состоянии отдать техническое первенство правым силам; вторая причина — неспособность выдержать давление американцев.

Общество восприняло отказ от производства «Лави» как катастрофу. Проект «Лави» был организующим началом во многих областях промышленности. В производстве Лави были задействованы множество фирм, которые должны были подтянуть своё производство под стандарты

Это сложная организационно-техническая задача. Была начата огромная научно-исследовательская работа в разных областях, которые могли быть привязаны к самолётостроению. Я тоже пытался устроиться в лабораторию «Бедека», в которой занимались композиционными материалами. Меня не взяли — уже было время, когда проект стал «скрипеть».

И вдруг все остались без работы. Прошло сокращение инженеров, занятых в проекте. Значительная их часть уехала в

Америку. Созданный с большим трудом коллектив проектантов распался. Фирмы, работавшие на проект, терпели убытки. Нам казалось, что удар по научно-техническому производству был чуть ли не смертельным.

* * *

Иосиф очень тяжело переживал отказ от проекта «Лави». Его удивляла недальновидность и некомпетентность политического и военного руководства Израиля. Только Моше Аренс, над которым смеялись, по-прежнему считал, что закрытие проекта — большая ошибка. Было не ясно, на какие проекты будет переключена израильская инженерия. Прошли годы. Страсти улеглись. Мы ошиблись. Израильская промышленность ещё более окрепла.

Изменились и взгляды части военного руководства. Дан Халуц, тогда ещё подполковник, который в 1986 году возглавлял оперативное подразделение в проекте истребителя «Лави» и был противником производства этого типа самолёта, в должности командующего израильскими ВВС (2000–2004 гг.) заявил, что его прежняя позиция относительно «Лави» была ошибочной: ЦАХАЛу стоило решиться на оснащение военно-воздушных сил отечественными самолётами. Наверное, и у других изменилась точка зрения.

Иосиф и я время от времени подвергали ревизии свои взгляды. У нас тоже изменился подход к оценке «Лави». Неожиданно (во всяком случае, для меня) произошёл скачок в производстве беспилотных самолётов, в производстве антиракетной и военно-компьютерной техники. Мы понимали, что это было связано с тремя факторами: 1) заделом, который остался от «Лави»; 2) ориентацией руководства армии, страны и общества на научно-технический прогресс (от фалафельной к М.А — мастерату в области физики и математики, то есть к высшему образованию) и 3) приездом «русской» алии.

Если ещё в середине 1970-х годов идеалом для молодого человека было независимое кустарное производство (фалафельная, мастерская по ремонту бытовой техники, мебельные мастерские и т. д.), то теперь стала компьютерная фирма, работа по найму в хорошей компании хай-тека. Резко увеличилось количество среднетехнических учебных заведений, некоторые из них стали давать первую степень (В.А). Высшее образование перестало быть ашкеназийской экзотикой.

Однажды нас пригласил в гости профессор Алекс Коэн. Алекс и его жена Хана много лет «метапелили» нашу семью. (В данном случае, я бы перевёл ивритское слово «метапелить» как интеллектуальную заботу). Среда там почти всегда была профессорской: сотрудники института Вайцмана, Тель-Авивского и Иерусалимского университетов, больницы Каплан. Зашёл разговор о трудоустройстве репатриантов.

Я вспоминаю один из разговоров вскоре после нашего приезда. Одному профессору математики отказали в приёме на работу в университете на основании того, что на кафедре уже есть один профессор. Такая постановка находила понимание в научной среде. Ира и я были этим поражены. В последнем институте, в котором я работал в СССР, в нашей лаборатории было два профессора и 5–6 кандидатов наук. И никому в научном плане не было тесно. Иосиф говорил, что в хороших университетах на одной кафедре работают по два и три профессора. Это делает кафедру более сильной, притягивает студентов. Создаёт славу университсту.

В конце восьмидесятых такой подход уже был невозможен.

Промышленность и наука требовали высококлассных специалистов. За десять–пятнадцать лет сильно изменилась психология израильских учёных.

Может быть, усилия, которые надо было затратить на производство «Лави», распределились по широкому полю технического прогресса? Сегодня судить противников проекта «Лави» за близорукость надо было бы более осторожно, задним числом все умны. Наша резкая позиция смягчилась. Но я и сегодня считаю, что в таком государстве, как Израиль, должен быть общенациональный технический проект, на который должна равняться вся промышленность.

Профессор математики Виталий Мильман в одном из интервью («Вести», «Окна», 16.06.2011) говорил, что в начале 1990-х годов прошлого века в Израиль приехало более 1000 математиков со степенями кандидатов и докторов физико-математических наук (по-израильски — Ph.D.). Кроме математиков, были ещё и физики, и химики, и инженеры такой же высокой квалификации. Оцените цифру 1000 математиков, 1000 потенциальных профессоров. Произошло перенасыщение интеллектуальным богатством. Израиль с этой задачей не справился. И дело было не в плохом министре. Шарон, тогдашний министр строительства, кое-как расселил людей, но обеспечить всех профессиональной работой на должном уровне даже он не смог.

ЮВАЛЬ НЕЭМАН И ПАРТИЯ ТХИЯ

Иосиф стал активно сотрудничать с Геулой Коэн, человеком потрясающего обаяния и неистового политического темперамента. Сотрудничество было исключительно плодотворным:

Геула относилась к тогда ещё немногочисленному израильскому истеблишменту, который поддержал алию семидесятых. У Тхии были свои взлёты, когда на выборах в 1981-м она получила 3 мандата и стала идеологическим центром в борьбе против ухода из Синая. Увы, борьба закончилась сокрушительным поражением. Синай был отдан «до копейки», включая Таба, что совсем рядом с Эйлатом.

Только что построенный город Ямит тоже должны были отдать. Иосиф поехал в Ямит [4] и там, как многие, приковал себя к какому-то дому. Но это не помогло.

Перед отступлением Бегин приехал в Ямит объяснять причины отступления, и каяться, что не сумел отстоять город и несколько поселений вокруг него.

В Тхие собрались очень сильные и популярные правые лидеры. На политической шкале Израиля Тхия была, если не считать партии рава Кахане, самой правой партией, при этом интеллигентной и популярной. Там собрались Неэман, Геула Коэн, Рафуль (Рафаэль Эйтан), Рехавам Зееви, по прозвищу Ганди. Поразительно, что эти умные знающие люди оказались плохими политиками, которые не сумели ужиться вместе. Партия рассыпалась, а каждый в отдельности был «маловесомым». С Иосифом, который был не только членом партии, но и членом мерказа (по-русски ЦК), и буквально жил интересами партии, случился настоящий стресс, от которого он полностью не оправился до конца жизни. С тех пор активной политической жизнью он перестал заниматься.

Но было ещё что-то, что мне очень трудно сформулировать. В самый разгар популярности Тхии, я спросил Меира Гельфонда, будет ли он голосовать за Тхию на предстоящих выборах. «Только если Хорол будет не ниже четвёртого места. Но этого не будет. Как ты не понимаешь, что в одной связке с генералами Иосиф не смотрится. Он для них слишком правый, радикальный и с другой ментальностью». Я думаю, что отношение к себе как к неравному Иосиф чувствовал очень остро. Он всех пытался помирить и удержать вместе.

Мы много обсуждали причины такой «неуживчивости», несовместимости. По-видимому, она лежала не только в лидерстве (во всех партиях есть несколько кандидатов на первое место), но и в разном политическом фундаменте. Хочу отметить, что покровительственно-пренебрежительное отношение к «русским» было во всех партиях. Я помню, как был обижен Юлий Нудельман, когда Шарон не поставил его на реальное место в своей партии Шлом Цион (выборы 1977 года). Нудельман очень активно работал среди «русских» для избрания Шарона в Кнессет. Вместо Нудельмана прошёл малоизвестный Ицхак Ицхаки. Нечто похожее было и с Файнблюмом в Маарахе. В ЦК партии он входил, а при выдвижении в кнессет ему не хватило одного места.

Были и другие примеры. Лея Словина тоже не дотянула до реального места. Объединяло недоверие к «русским», выходцам из СССР. Даже такая интеллигентная и демократическая партия, как Тхия, не была лишена предвзятости. Иосиф как-то сказал: «Они (израильтяне) получили демократию на блюдечке с золотой каёмочкой от англичан, без усилий, а мы на тюремных нарах, в бесконечных спорах, иногда, как у вас, ценой жизни. И мы не понимаем, что такое демократия?» Всё изложенное выше было вполне очевидно. Но я осторожно высказывался, что в кнессет нужно избирать человека, который прожил в Израиле как минимум 15–20 лет. Такой человек должен достичь некой материальной независимости и хорошо разбираться в политической кухне. А на это уходит как раз 15–20 лет.

Алия девяностых прошла этот путь быстрее. Но дорогу ей выложили семидесятники. И Хорол был в их числе. В различных нападках на алию семидесятых звучала одна справедливая мысль: «Вам никто ничего не должен. Вас приняли, дали гражданство со всеми вытекающими правами, материально как-то поддержали, а теперь пробивайтесь сами». «Если вы такие умные, то почему вы не богатые, почему не члены кнессета, почему вы не работодатели». В этом была своя правда и своя логика. Алия семидесятых так и не превратилась из «капланов в кабланов».

* * *

Однажды Иосиф рассказал забавную историю. Проходило заседание мерказа партии Тхия. На заседании один из членов центра, молодая женщина, ещё студентка выступила против Неэмана. После заседания Иосиф увидел, как Неэман очень долго с ней о чём-то говорил. Через некоторое время Иосиф спросил Неэмана, не жалко ли ему тратить на какую-то студентку столько времени?

– Нет, — ответил профессор, — не жалко. Она не просто студентка, она — член центра партии, и от её голосования зависит решение тех или иных вопросов. Я действительно потратил на неё много времени, но я убедил её, что она ошибалась. Теперь я могу быть уверенным, что она в следующий раз поддержит меня. У меня нет другого метода. Приказать я ей не могу.

* * *

Идея Тхии — решение национальных задач. Первая задача — удержать научно-техническое превосходство над арабским миром. Это означало изменить систему образования, увеличить репатриацию, особенно из СССР, начать разрабатывать крупные научно-технические проекты: канал Средиземное море — Мёртвое море, строительство атомных электростанций, выход в космос, развитие атомной, лазерной и компьютерной техники, самолётостроения, заселение Иудеи и Самарии, ликвидация узкого коридора в районе Нетании, строительство в восточном Иерусалиме.

И конечно, ни о каком Палестинском государстве не могло быть речи. Отсюда вытекала вторая задача — строительство поселений в Иудее и в Самарии. Надо было построить там такое количество поселений, расселить такое количество людей, чтобы процесс стал необратимым. Если в целом я с такой научно-технической программой был согласен, то по отдельным вопросам у меня были возражения.

Я высказывался против строительства канала Средиземное море — Мёртвое море из-за экологических соображений. Были какие-то семинары, на которых выступали сторонники или противники проекта. Я тоже пару раз выступал на этих семинарах. Неэман был ярым сторонником проекта канала и всячески его продвигал. Хорол выдерживал нейтралитет. Авторитет Неэмана был очень высок.

Канал так и не построили. Сегодня я не так активно стал бы выступать против проекта канала. Сегодня мне видится дилемма в другом свете: политика против экологии. Канал планировали проложить через сектор Газы, так как это было кратчайшим расстоянием. У меня вызывает большое сомнение, состоялась бы передача Газы ХАМАСу, проведённая Шароном, если бы канал был построен.

Теперь есть новый проект канала, но уже не из Средиземного, а из Красного моря к Мёртвому морю. При этом экологические проблемы остались прежними, строительство сильно подорожало, в частности из-за удлинения канала, а политические проблемы стали ещё более сложными. По проекту Иордания и Палестинская автономия должны быть совладельцами канала или участниками строительства с вытекающими обязательствами Израиля перед ними. Это значительно усложняет весь проект и последующую эксплуатацию. Сегодня ожидают решения экологических экспертиз. По-видимому, решат строить. Перенос, а по существу строительство нового эйлатского порта и ж/д Эйлат — Тель-Авив (проекты приняты) ускорит решение о строительстве канала. Сегодня я думаю, что Неэман был прав.

С другой стороны, при бурном строительстве опреснительных установок, может быть, забор воды из Кинерета сократится и уровень Мёртвого моря поднимется. Не исключена и подпитка Кинерета опреснённой водой. Тогда канал вообще не нужен.

Есть ещё один сложный вопрос. Всякое строительство современных грузопассажирских (особенно грузо) коммуникаций (ж\д, канала, современного скоростного шоссе) параллельно Суэцкому каналу значительно осложнит отношения Израиля и Египта. Эти решения имеют не только экономический, но и политический аспект. Канал Эйлат — Средиземное море и современная многоколейная ж/д Эйлат— Беэр-Шева — Ашкелон — Ашдод — Тель-Авив — Хайфа — может сделать Суэцкий канал не конкурентоспособным.

***

Ещё несколько слов о Неэмане. Известно, что начиная с 1970-х годов прошлого века в Израиль приехало много учёных высокой квалификации. Их трудоустройство было непростым, но это отдельная тема, которой я не хочу касаться. Неэман помог очень многим, физикам и математикам, то есть людям, в профессии которых он разбирался и мог оценить их уровень. Наверное, у него была своя общенациональная программа.

Но это не относилось к медицинским наукам. В 1986 году приехала в Израиль профессор Светлана Долина, врач, специалист по диагностике и лечению детской эпилепсии. Я обратился к Иосифу с просьбой помочь ей найти работу. Звание профессора, качество публикаций и хорошее знание английского давало моральное право обратиться к Неэману за помощью — как учёный к учёному, как равный к равному. Всего в то время в Израиле было 30 «русских» неустроенных учёных подобной квалификации.

Неэман ответил Хоролу, что он не занимается персональным устройством, а создаёт условия для приёма всех учёных. Помочь отказался. Про всех остальных сказать ничего не могу, а устройство С. Долиной в Израиле было горьким.

* * *

Тхия набирала силу. На первых выборах в 1981 году она сумела получить 3 места в Кнессете и пыталась остановить передачу Синая Египту. Борьбу проиграла. В 1982 году Израиль вывел войска, разрушил Ямит и поселения и насильственно эвакуировал поселенцев с Синайского полуострова. Началась эра Кэмп-Дэвидского соглашения.

А Тхия продолжала свою деятельность: вошла в правительство. Неэман стал министром науки и одним из лидеров поселенческой политики в правительстве М. Бегина, а затем и Шамира. Деятельность партии переключилась с Синая на Шомрон и Иудею. Иосиф чувствовал себя уверенно.

В июне 1982 года Тхия поддержала решение М. Бегина о начале военной операции «Мир Галилее» (Первая Ливанская война). Это придало ей популярность. Были запроектированы более 80-ти поселений.

На следующих выборах в 1984 году Тхия, к которой присоединилось движение Цомет во главе с Р. Эйтаном, получила 5 мест в Кнессете и ушла в оппозицию к правительству национального единства (Ликуда и Маараха). Тхия выступала против вывода израильских войск из внутренних районов Ливана и против мирных переговоров с Иорданией. Сегодня я думаю, что если относительно отступления стратегически Тхия была права, а тактически нет, то выступление против мирного договора с Иорданией и стратегически, и тактически было ошибкой.

Израильское правительство не могло найти общего языка с правительством Ливана, и в результате началась партизанская война против нашей армии. Эту войну Израиль проиграл. Начались разговоры, что партизанскую войну нельзя выиграть. Мы считали, что такие разговоры вредны и не соответствуют действительности. В частности, мы приводили пример подавления украинского национального движения в послевоенные годы.

Иосиф пытался написать программу действий политических и военных органов в Ливане. Судьбу этой программы я не знаю. Может быть, она потерялась из-за политических распрей. В Тхие под одной крышей не могли ужиться профессор Юваль Неэман, Геула Коэн и Рафаэль Эйтан. Партия стала терять популярность. В 1987 году Р. Эйтан вышел из Тхии и создал в Кнессете фракцию Цомет.

Падение популярности Тхии стало заметно на выборах в 1987 года. Тхия получила всего 3 места в Кнессете. Если для выборов 1981 года 3 места в Кнессете было хорошо, то для 1987 года — плохо или даже очень плохо.

В 1990 году партия присоединилась к правительству И. Шамира. Опять начались политические споры: должна ли израильская делегация участвовать в мирной конференции в Мадриде 1992 году, где предполагалось обсуждать вопрос о предоставлении автономии арабам Иудеи, Самарии и сектора Газы.

В Тхии разразился кризис, который партия не пережила. Партия вышла из правительства. На выборах 1992 года Тхия не прошла электоральный барьер и распалась. Значительная часть её активистов (в том числе Геула Коэн) вступила в Ликуд.

Крах Тхии был сильным ударом по Иосифу. На какое-то время у него пропал интерес к политике. Последние годы он голосовал за религиозные партии, считая, что светский сионизм исчерпал себя. Я же голосовал за парию Моледет («Родина»), в программе которой был пункт о добровольном трансфёре. Я понимал, что лидер Моледет Ганди [5] со своей маленькой партией ничего сделать не сможет, но ежедневное будирование трансфёра должно сдвинуть общественное мнение. Иосиф соглашался с моими доводами, но голосовать за Ганди он не хотел. Ганди Иосифу был просто не симпатичен. Ганди убили в 2001 году, и с его смертью будирование вопроса о добровольном трансфёре прекратилось. Вот и ответ на вопрос о роли личности в истории.

Долгосрочная оценка Бегина и Кэмп-Дэвидских соглашений оказалась неверной. Иосиф очень тяжело переживал свою ошибку.

* * *

Ещё раз о предвыборных обещаниях. На выборах 1992 года Рафаэль Эйтан (Рафуль) получил 8 мандатов. Это было колоссальным достижением. Все, кто хотел голосовать за правых, проголосовали за Рафуля. Его лозунг «Мир в обмен на мир» имел успех. Рафулю поверили. Казалось, появился новый правый сильный лидер. Но он не сумел подобрать свою депутатскую команду. Рабин предложил одному из его депутатов, Гонену Сегеву, пост министра, а другому, Гольдфарбу, пост заместителя министра, «купил» таким образом их голоса и провёл в Кнессете закон «Осло-2».

Все обещания Рафуля ничего не стоили. Уважение к нему резко упало. Партия развалилась. Иосифу и мне на это было тяжело смотреть.

Началась резкая критика внешней политики Бегина. Моя позиция стала ещё более радикальной, чем раньше. Бегин в моих глазах стал одной из самых чёрных фигур в еврейской истории. После него каждый премьер-министр сможет сказать: «Если Бегин смог отдать, то и я имею на это право». Так это, в общем, и получилось — территории по-прежнему медленно, но отдаются, а согласие на Палестинское государство получено от того же Ликуда. Мы опять скатываемся в гетто 1966 года. Здесь у меня с Иосифом было полное согласие.

«РУССКИЕ» ОЛИМ В ИЗРАИЛЕ

Выше я писал, что олимы мало что знали об Израиле. Информационная связь «Израиль — СССР» была пунктирной: евреи Советского Союза ничего не знали об Израиле, но и израильтяне ничего не знали о Советском Союзе. На «русскую» общину новых репатриантов легла просветительская функция. Хорошее от плохого надо было уметь отделить. Взаимное непонимание было повсюду. В центрах абсорбции объясняли, как пользоваться унитазом, чем оскорбляли жителей крупных городов.

Через много лет журналистка Исакова с обидой вспоминала о том, как её отца, обладателя двух парижских дипломов, учили в мерказ-клите пользоваться унитазом. Я считаю её обиду несправедливой. В СССР было много маленьких городов, где не было канализации. И вообще уборщица из ульпана не должна была входить в тонкости образовательного ценза. Она всем одинаково показывала санитарные достижения Израиля.

Однажды в ульпан приехали посмотреть на «новичков» богатые американцы, жертвователи Сохнута, наши «кормильцы». Люди были не молодые. Многие оставили Россию в самом начале 20 века, когда машины были во всём мире ещё редкостью. Зашёл разговор о том, как в Москве едут люди на работу, когда нет частных автомобилей.

– На лошадях? — спросил кто-то.

Такое непонимание сильно разозлило Иру.

– Нет, — ответила она, — не на лошадях. Вы знаете, что такое тройка?

Про тройку все знали.

– Так вот, — продолжала Ира. — У меня была тройка медведей. Коренной белый, а два пристяжных коричневые. А у мужа наоборот, пристяжные белые, а коренной бурый. Хотели купить гималайского медведя, но он очень дорогой.

Кажется, поверили. Во всяком случае, одобрительно кивали.

* * *

Зима 1979–80 годов была холодной. Дома в Реховоте отапливались керосиновыми или газовыми печками. Кстати, газовые нагреватели были мощные и быстро нагревали комнату. О нагреве всей квартиры никто и не думал. Электрических нагревателей было мало, а кондиционер считался предметом роскоши.

Я тогда работал в компании «Исследовательские мембраны Реховота». Компания была научно-производственная. В ней была небольшая столовая, в которой в обеденный перерыв собирались почти все научные сотрудники. Все жаловались на холод и трудности с отоплением. И вдруг, глядя на меня, кто-то сказал: «Мы все жалуемся, все плачем, что холодно зимой, ну а как в России, ведь там холода быр-быр какие, страшно температуру назвать. Пусть нам Владимир расскажет».

Я стал рассказывать о том, что в крупных городах, и в Москве в частности, существуют несколько ТЭЦ, которые нагревают воду выше, чем 100 градусов по Цельсию. Горячая вода по трубам транспортируется по всему городу, в каждом доме есть бойлерная, в которой перегретая вода нагревает специальную воду, циркулирующую по радиаторам в каждой квартире.

Мой рассказ вызвал шок, никто не думал, что система отопления в России такая сложная, совсем непохожая на израильскую. Мой начальник доктор Боаз Амит, человек умный и доброжелательный, очень хорошо относившийся к олимам, как бы подвёл итог моего рассказа: «Я теперь понимаю, почему у русских есть инженеры-сантехники. Такие расчёты должны делать особые специалисты. В Израиле расчёты трубопроводов делают обычно инженеры-механики».

Я привёл этот рассказ специально, чтобы показать, что знание и понимание Советского Союза было минимальным. С одной стороны, трофейные танки, которые все видели, и сбитые самолёты, о которых все знали, с другой — лошади и навоз. Каждый раз надо было рассказывать, что Россия прошла с 1917 года огромный и горький путь.

С большим трудом признавался инженерно-технический и научно-медицинский потенциал советских олим. Правда, было одно объективное обстоятельство: русская алия была безъязычной — ни иврита, ни английского советские евреи в своём большинстве не знали. Это сильно затрудняло общение и служебное продвижение.

Был старый студенческий анекдот: «Что общего между студентом и собакой? — Глаза умные, а сказать ничего не может». Мы с Иосифом его переиначили: «У олима, как у собаки, глаза умные, а сказать ничего не может». Мы сформулировали некое правило: научный сотрудник или инженер — это человек, который может написать отчёт. А для этого нужно не только знать предмет, но и язык, на котором требуется написать отчёт.

Требования очень жёсткие. Увы, многие среди олим не справились с этим требованием. Прошли годы, пока выучили язык. Подошла пенсия.

* * *

Есть у нас знакомый. Он приехал из Минска в 1990 году, молодой, лет 45, профессор, радиофизик. У него было более ста публикаций. Его пригласили в Беэр-Шеву в университет на собеседование. У него на руках должны были быть трудовая биография и список публикаций. Всё — на английском языке. Он обратился к нам, чтобы мы ему порекомендовали машинистку. Я повёз его к машинистке. Она оказалась моей знакомой. Американка, профессиональный секретарь, доброжелательная женщина, жена профессора. Она прочитала его бумаги и сказала, что всё написано английскими словами, но не по-английски. Все надо переписать по-другому. Общим языком у них оказался идиш.

Профессор не пошёл в университет. В частной компании он быстро преуспел, а через несколько лет он выучил и английский, и иврит.

На моих глазах уволили Женю Цирлина. Мы работали в одной компании. Женя кончал Физтех и ещё в Союзе работал в области мембран. В нашей компании ему поручили сконструировать устройство и сделать головной образец для электродиализа. У Жени были золотые руки. Надо было сделать много однородных ячеек. Женя нашему общему начальству сказал, что эта работа для слесаря, а не для инженера. Назавтра его уволили. Несправедливость была вопиющая. Израильскому инженеру никогда бы не предложили делать слесарную работу.

На некоторых военных предприятиях брали на работу «русских» инженеров на должность техника, но при условии, что они не будут претендовать на должности инженеров. Это ведь государственные предприятия. Я и по сей день не знаю, насколько законны такие расписки. Таких несправедливых случаев было много: кому меньше платили, кого медленнее продвигали, не платили в пенсионный фонд и т. д. В частности, моей жене дали квиют, а через несколько дней отобрали, и вторично дали спустя несколько лет. Никогда такого не позволили бы себе по отношении к сабре с высшим образованием.

Эти и другие случаи я рассказывал Иосифу, и мы обсуждали их очень серьёзно. Государство прилагало колоссальные усилия, чтобы привезти советских евреев в Израиль, а проследить за выполнением собственных законов было неспособно.

Но даже у тех, кто приехал относительно недавно, связь с Советским Союзом ослаблялась. Через три–четыре года интерес зачастую просто обрывался. Оставались родственники и друзья, а после развала СССР почти у всех исчезли и родственники.

* * *

Хоролы репатриировались в 1969 году. За семь лет проживания в Израиле они оторвались от литературной, да и вообще от культурной жизни Советского Союза. А жизнь была. Издавались книги, расцветал «тамиздат и самиздат», писались стихи, пели барды и т. д. Олим в то время было очень-очень мало. Связь с СССР, как я писал выше, была непрочной и непостоянной.

А у Хорола интерес не ослабевал. Он говорил ещё в 1970-х, что Советский Союз, в котором живут несколько миллионов евреев, не может быть нам безразличен. «Евреи молчания» — это только для тех, кто не видит, что происходит с еврейской общиной СССР, кто не хочет замечать социальных изменений, происходящих в России. Он считал, что в ближайшие годы начнётся исход евреев из СССР. А это значит, что приедет большое количество учёных, инженеров и техников, врачей и биологов. Это даст толчок научно-техническому развитию Израиля. Проблемы возникнут с гуманитариями. Иосиф резко высказывался относительно низкого уровня их подготовки. Учителя истории и литературы должны переучиваться, для того чтобы работать в школе. И здесь наши взгляды совпадали.

Мы привезли с собой литературные новинки, окололитературные сплетни, песни бардов. В Израиле они в то время не то чтобы не были известны, но как-то мало популярны. В сентябре 1976 года Инна и Гриша Мазур взяли нас на концерт Галича. Это был его второй и последний приезд в Израиль. В Холоне, в кинотеатре «Савой» зал был полупустой. В Москве зал лопнул бы от публики. Слова «...а Мария шла по Иудее...» вызывали раздражение в зале. «Мария? Кто это?». Галич был грустный и усталый.

Кассеты с песнями бардов ещё не крутились на Тахане Мерказит в Тель-Авиве. Крещение Галича вызывало недоумение. Иосиф говорил: «Креститься, стать выкрестом? Зачем? Никто не верит в искренность христианских взглядов Галича. Кому он хотел угодить? Бросить свой народ? Конечно, он замечательный поэт и бард. Но ведь теперь он встал в ряд с христианскими хулителями евреев».

Крестил Галича Мень. Я о нём слышал ещё в Москве и даже читал какую-то из его книг о христианстве, изданную в «самиздате». Относился я к Меню крайне отрицательно. Мень крестил, кроме Галича, ещё кучу еврейской полудиссидентской молодежи. Это были ребята сильно ассимилированные, как правило, лишённые советской властью национальных корней. Иудаизм у них был замещён советизмом, от которого они с лёгкостью отказались в пользу православия. Я называл Меня духовным мародёром. Иосиф со мной соглашался.

Мы привезли с собой песни бардов, но не на кассетах. Ира их все знала на память и с любого места могла начать петь часами. У неё хороший домашний голос, отличный слух и безукоризненный вкус. Всякую фальшь она мгновенно улавливает.

Иосиф часто просил её спеть что-нибудь на её вкус. Особенно ему нравилась песня про Марсель. «Жемчуга стакан», «с тех пор его по тюрьмам я не встречал нигде», «жал руку прокурор, а после посадили под усиленный надзор» — Иосиф часто цитировал. К сожалению, автора слов этой песни мы не знали. Мы много раз её пели вдвоем. Уже потом, когда расхотелось петь, Иосиф вдруг вспоминал и говорил: «Где же ваш "Марсель"?»

ПОСЕЛЕНИЕ ЭЛЬКАНА

Вскоре после выборов 1977 года Хоролы переехали в поселение Элькана в Самарии. Поселение было маленьким и делилось на две части. Верхняя, большая часть, у башни, где раньше находилась иорданская полиция, была ивритской, нижняя, меньшая — «русской». Бойницы в башне были направлены на арабскую деревню Месха. «Посмотри, — сказал Иосиф, — кого больше боялся король Хусейн. Своих, арабов. И он бы их расстрелял, не моргнув глазом, если бы они восстали. Как в 1970 году он расправился с "Чёрным сентябрём". У арабов нет середины».

Особых противоречий между «верхом» и «низом» не было: все жили в цельнобетонных домиках «эшкубиёт», которые привозили готовыми и только собирали на месте. Площадь домика зависела от состава семьи. У Хоролов были салон-кухня метров 15 и спальня метров 8, ещё метров 7–8 занимали ванная и уборная. Уже потом Иосиф пристроил навес, и получилось что-то вроде террасы.

Иосиф Хорол и Владимир Мельников на фоне домов «эшкубиёт» в поселении Элькана, 1978 г.

В то время мы бывали там часто. Дом гудел от гостей. Иточка всех кормила и поила. Где у неё брались силы? Она была не очень здоровым человеком. Я помню, она лежала в больнице Ихилов с диагнозом «малокровие». Малокровие в Израиле не такое частое заболевание. Мы её там навещали. С этого и началась наша с ней дружба.

А условия в Элькане были тяжёлые, во время дождей протекали стены. Ступеньки, которые мы сами сложили, были из местного камня. Но ко всем неудобствам было какое-то легкомысленное отношение: всё это неважно. Важно, что мы здесь. Мы строим новый Израиль.

В нескольких метрах за домом Хоролов тянулась нитка колючей проволоки — ограждение поселения, его границы.

– Иосиф, — сказал я, — не слишком ли это ограждение жидко? Его и перешагивать не надо.

– Это против коз. Арабы не нападут на нас. Мы пришли сюда с миром. Мы принесли работу, воду, электричество, канализацию. Мы не строим гетто, мы не хотим ни от чего отгораживаться.

Я выразил своё несогласие. Гетто — это не только забор, и не главное в гетто забор. Гетто — это ещё отсутствие общего права. То, что положено христианам или мусульманам (смотря где было гетто), не положено евреям. Права Юпитера и права Быка. А забор всего лишь граница имущества.

В Израиле только маленькая группа крайне левых требовала предоставления гражданства арабам с территорий. Уже были теракты. И я, кажется, убедил Иосифа, что им нужна охрана. Мужчин в поселении не хватало, и для ежедневного и круглосуточного дежурства добровольцы приезжали со всего Израиля. Спустя несколько лет охрану стали вести или армия, или охранные фирмы.

Мы со моим старшим сыном вырвали кол, на котором держалась колючая проволока, и перенесли его метров на 10 от дома Иосифа. А потом ещё несколько раз отдаляли эту границу поселения. Никто на это не обращал никакого внимания.

Иосиф с насмешкой сказал: «Это твой вклад в построение ишува».

Потом поселенцам выдали оружие, и Иосиф получил автомат Калашникова. И опять необыкновенная лёгкость, похожая на легкомыслие, в обращении с оружием: автомат валялся под кроватью. Рефреном шло: «Мы не хотим воевать с местными арабами. Мы им не враги».

Однажды я заметил, что хорошо знаком с советскими автоматами. В программу обучения в советских вузах входило военное дело и сдача офицерского экзамена. Я завершал курс в Белорусском военном округе на базе химбатальона, расположенного в Старых Дорогах. Однажды мне выпало задание по консервации 200 автоматов. Я рассказал об этом Иосифу.

– Вот и хорошо, и занимайся моим автоматом.

Но в основном чистил автомат мой старший сын, которого призвали в армию летом 1982 года. Через несколько лет советские автоматы у поселенцев отобрали. Шли разговоры, что их продали афганцам, которые воевали с русскими.

* * *

Ещё одна смешная история. Случилась она в конце 1977-го или в начале 1978-го года. Кажется, отмечалась первая годовщина Эльканы. Ожидался приезд Геулы Коэн и других правых политических деятелей. Была суббота. В нижнюю, «русскую» часть поселения стали съезжаться с утра, в верхнюю, ивритскую — после окончания субботы. Между двумя группами ишува была договоренность, что машины в субботу следует оставлять при въезде.

Иосиф был не только самой яркой фигурой в «русском» ишуве, но ещё и «долгожителем» — он к тому времени прожил в Израиле 8–9 лет. К нему в дом стали потихоньку стекаться и его гости, и гости соседей по ишуву. Набралось человек 15–20, в основном молодые мужчины. Итточка готовила обед, сесть было негде. Неожиданно нашёлся выход: Володя Шухман дал ключ от своей комнаты.

Мы Володю Шухмана называли Володечка. Он приехал в самом начале семидесятых годов из Новосибирска, закончив там мехмат в Новосибирском универститете. Ему было лет 25, и он нам годился в сыновья. Именно поэтому его так ласково и называли. В Израиле он поступил в докторантуру Института Вайцмана. Жил в Реховоте, в общежитии института, и поскольку у него не было постоянного жилья, ему охотно предоставили одну эшкубию. Мы его хорошо знали: он в Реховоте часто вечерами заходил к нам.

Все русскоязычные гости ринулись в Володино жилище. Расселись на стульях, кровати, окне, складных стульях.

Посредине длинного стола, где с каждой стороны сидело человек 5–6, сидел Иосиф и отвечал на вопросы. Я сидел напротив. Рядом со мной — очень крупный мужчина лет 40–50, рядом с ним Богуславский, но не архитектор, который жил тогда в Элькане, а потом переехал в Баркан, а его брат — инженер-кораблестроитель и отличный журналист из Хайфы. Мой сосед, по-видимому, был знаком с Богуславским из Хайфы, и они приехали к брату в Элькану.

Боже мой, какие мы все были невежественные, дремучие, дикие и по сути советские. Ничего про Израиль не знали, механизма действия власти не понимали, не говоря уже о том, что имена политических деятелей и даже министров ровным счётом ничего нам не говорили. Да и откуда было нам знать? Все мы недавно приехали из Советского Союза, где всякое упоминание об Израиле было преступлением. Большинство не знало ни иврита, ни английского.

На русском языке тогда выходила одна полулевая газета «Наша страна». Правой газеты не было ни на иврите, и уж, конечно, ни на русском. ТВ на русском не было, а радио давало минимальную информацию. Одним словом, все мы были черней махорки, темнее, чем полночь. Но главным было даже не отсутствие информации об Израиле, а то, что люди не понимали, что кроме прямой силы, могут быть и другие способы управления, другие механизмы.

Володечка послушал наши разговоры и ушёл. Хорошо ему было: он знал иврит и английский, а в вестибюле Бейт-Клор — студенческом общежитии Института Вайцмана — все главные израильские газеты лежали на журнальных столиках.

Иосиф отвечал на вопросы. Кто такой Бегин и Вайцман, и Шарон, Геула Коэн, Симха Эрлих, Игаль Гурвиц, Шмуэль Тамир, Рабин, Даян, Перес, Голда Меир, Ципори, Моти Гур, Чич (Шломо Лахат) — в то время мэр Тель-Авива, и т. д. Тогда только-только прозвучали имена Ольмерта и Меридора. Иногда вопросы повторялись, и он снова объяснял, рассказывал, прогнозировал. Об одних он решительно говорил, что слава их дутая, политики они слабые, о других — осторожно, о третьих — почтительно, с уважением.

Удивительно, как его прогнозы оправдались. Я уже был около полутора лет в Израиле и слышал его рассказы не впервые. Но в тот день на публике он расцвёл, говорил ясно, чётко, интересно, и слушал я его с большим вниманием и с детским восторгом.

Вопросы потихоньку стали иссякать, да и Иосиф устал, и вдруг кто-то вспомнил про компартию и её влияние на политику в стране. Вопрос как вопрос. Все разом заговорили, все высказывались, что её необходимо удалить с политической карты страны. Иосиф молча слушал. Когда утихомирились, он объяснил, что бояться компартии не надо, что она маленькая, в Кнессете — 4–5 человек, в основном арабы, еврей там для представительства, и её влияние на жизнь в стране существует, но оно невелико. А запрещать её не надо, ибо запрет приведет к подполью, что всегда хуже, чем открытое существование. В демократических странах нельзя судить за политические взгляды. Израиль не должен быть похож на Советский Союз. Кроме того, во главе партии стоит Вильнер, который подписал Декларацию независимости.

И вдруг сидевший слева от меня амбал чётко и громко произнёс: «Вильнера надо убить». Я думаю, что никто бы не обратил внимания на его слова, мало ли глупостей говорят люди между собой, но в этот момент открылась входная дверь и в комнату вошел её хозяин Володечка Шухман. Он услышал только последнюю фразу «Вильнера надо убить» и так же громко и ясно отреагировал: «Еврей не должен убивать еврея». Мой сосед ответил: «Если ты не хочешь убить Вильнера, тогда я убью тебя».

Он встал и вынул пистолет. (В то время в Израиле было очень легко купить оружие. Приходишь в полицию и просишь разрешение на покупку оружия. Многие олимы покупали. Я не помню случая, чтобы кому-нибудь отказали. Я тоже хотел купить итальянскую «баретту», но испугался детей, которые захотят «поиграть» с оружием. Кстати, «баретта» стоила недорого). Я схватил его за руку и потянул к столу. Он покачнулся и согнулся, почти упал на стол. Богуславский навалился на него, что-то крикнул и выхватил оружие. Он не сопротивлялся. Богуславский быстро его увёл. За ними разошлись остальные. Настало время обеда.

Вечером приехала Геула Коэн и другие политические деятели. Говорили пламенные речи. Среди всего празднества, криков, приветствий подошёл мой сосед, извинился, поблагодарил, за то, что я сумел его остановить.

Через несколько лет Володечка Шухман уехал в Америку делать постдокторат и застрял на просторах Нового Света.

АФГАНИСТАН И СССР

В декабре 1979 года советские войска вошли в Афганистан. Для нас это не было неожиданностью. В течение двадцати лет готовилось это вторжение. Советский Союз стал активно вмешиваться в афганские дела ещё с конца 1950-х, делая ставку на М. Дауда, премьер-министра и двоюродного брата короля. Ориентация на СССР стала известна королю, и брат Дауд был в 1963 году отправлен в отставку. Через 10 лет ему удалось совершить государственный переворот и свергнуть афганского короля. Брат не стал сторожем брату своему.

В Афганистане кончилась монархия, а с ней и эпоха медленного, но стабильного развития страны. Началась дестабилизация. Правление М. Дауда было недолгим и закончилось ещё одним переворотом в 1973 году, в результате которого М. Дауд был убит. Не уберёг брата, не уберёг и себя. К власти пришёл Тараки — новый ставленник Советского Союза, мусульманский левый политик.

Я ещё в Москве интересовался разбалансированием политической системы, при которой относительно небольшие группы могут захватить власть. Советские военные постоянно находились в Афганистане. Одна моя знакомая, отец которой был полковником генштаба СССР, рассказывала о систематических командировках офицеров генштаба, включая её отца, в Кабул. Что могли делать представители генштаба во время длительных командировок в такой стране, как Афганистан? Готовить переворот.

Ещё до вторжения в Афганистан я рассказывал о своих соображениях Иосифу и нашёл не только полное понимание, но и полное совпадение взглядов. Советский Союз рвался к Персидскому заливу, и Афган им был нужен как удобный плацдарм. Через много лет, как бы задним числом, Жириновский сформулировал уже невыполнимую задачу, поставленную перед советской армией в далёком 1979 году, — «помыть сапоги в Персидском заливе». Это означало построить военно-морскую базу в районе Персидского залива. Мы много раз подолгу обсуждали проблему Афганистана и пришли к выводу, что Советский Союз надорвётся на этой войне.

Захватить страну одним махом не удалось. Пошла череда военных переворотов. Началось организованное сопротивление социалистическим идеям и советской армии, при поддержке которой происходили эти реформы. Советский Союз был не готов к длительной войне. Социальные преобразования, которые стали проводить местные власти, не нашли значительной поддержки у многонационального, живущего кланами-хамулами населения.

Афганистан оказался более крепким орешком, чем Средняя Азия времён басмачества. Ведь басмачество пришло совсем не случайно, а как реакция на ликвидацию Кокандской автономии, образованной на демократических выборах в декабре 1917 года, уже после Октябрьской революции. Это была попытка создания государства, объединяющего мусульманские народы Средней

Азии. Подобные сепаратистские движения прошли на Кавказе и были также подавлены. Победа Советской власти сопровождалась массовыми и жесточайшими репрессиями. Борьба с басмачеством продлилась до конца тридцатых годов. «Самоопределение вплоть до выделения в отдельное государство» было ещё одним фиктивным лозунгом советской власти.

Но к 80-м годам прошлого века уже прошло время, когда победа могла быть достигнута в результате тотального уничтожения, геноцида и других подобных мер. В афганской войне погибло 2,5 млн афганцев и несколько миллионов ушло в эмиграцию. Советская армия плохо контактировала с местным населением. Пришлось создавать мусульманские батальоны и вообще сильно «обмусульманить» армию. В Афганистан поехали воевать, кроме русских, таджики, месхетинцы, кабардинцы, балкары, казахи, чечены, ингуши, узбеки, татары. Появились мусульманские, очень известные и влиятельные командиры на батальонном уровне, как майор Керембаев, на генеральском — генерал Дудаев и генерал Ашуев. Конечно, эти имена стали известны через много лет, но ранее мы предполагали, что русские создадут некий мусульманский военный и гражданский аппарат, который окажется буфером между афганцами и советским руководством. Русские умели покупать и затем поддерживать местную новую элиту. Но в целом Советский Союз не смог разработать приемлемую для афганской стороны систему политических отношений.

Началось сопротивление. Политическая система разбалансировалась. Центральная власть рухнула. Её и по сей день не удаётся организовать. Советские мусульмане увидели религиозную страну, и это всколыхнуло их национальные и религиозные чувства. Они же на своих плечах внесли в СССР религиозные идеи и антикоммунизм. И ещё наркотики. Одним — для подавления страха, другим — как средство быстрого обогащения. При планировании афганской кампании фактор религиозного и политического влияния афганцев на советскую армию не принимался в расчёт.

Мы оказались правы: афганская война положила конец советской империи. Одним из результатов афганской войны было то, что мусульманские народы увидели бессилие советской власти и перестали её бояться: вооружённые конфликты стали обычным явлением жизни. Средняя Азия и Кавказ встали на путь вооружённых конфликтов, которые произошли уже после распада СССР.

Образно говоря, Советский союз начал афганскую войну с Дудаевым-коммунистом, а закончил с Дудаевым — мусульманским националистом.

В 1984 году появились краткие сообщения о том, что советские вертолёты сбивают в Афганистане заплечными противозенитными ракетами «стингер». Мы начали обсуждать последствия этих событий. Было ясно, что закончилась эра господства советской вертолётной авиации в Афганистане, то есть Советский Союз лишился стратегического технического преимущества. Горные дороги, ущелья были мало приспособлены для молниеносных танковых ударов. Любой затор в ущельях и на горных дорогах приводил к трагедиям. Началась война, где основным тактическим приёмом было уничтожение караванов, то есть маршрутов снабжения. Афганцы платили тем же. На узких дорогах — трассах снабжения — уничтожались колонны армейской техники.

* * *

В 1986-м или в 1987-м году, обсуждая в очередной раз афганскую проблему, я заметил, что значительно увеличилось количество сбитых ракетами «стингер» советских вертолётов. Иосиф вскользь бросил, что использовать в Афгане «стингер» была его идея, которую он пару лет назад высказал Рафулю, и через него идея попала к американцам. От моих расспросов Иосиф деликатно ушёл. Значит, некий вклад в поражение советских войск в Афганистане внёс и Иосиф Хорол.

То, что у Иосифа с Рафулем были дружеские отношения, я знал. Как-то специально для Рафуля Иосиф попросил у меня в то время довольно редкую книгу Богомолова «В августе 1944-го», где описывались методы ликвидации немецких разведчиков и партизан польской Армии Крайовой во фронтовой полосе. Через несколько месяцев книгу мне вернули. Где-то я прочитал, что в Кнессете, когда Рафуль не хотел, чтобы его соседи читали его записи, он писал по-русски. Никаких пометок рукой Рафуля я не обнаружил, но Иосиф мне передал от него «спасибо».

Было очевидно, что одним вторжением в Афганистан России будет трудно вывести Ближний Восток из-под американского влияния. И Иосифа, и меня удивляла стратегическая слепота советского командования.

При длительных заграничных походах русская армия заражалась иностранными идеями, желанием перенести на родину образ жизни враждебных России государств. После наполеоновских войн русские офицеры принесли идеи республики, после Второй мировой войны — идеи лучшей жизни («на Западе всё есть, там живут по-человечески», «не как у нас»), после войны в Афганистане — идеи мусульманских государств. На якобинские идеи начала 19 века царская власть ответила виселицами, на послевоенные (они выражались в восхвалении западной техники и образа жизни) власть ответила репрессиями. Тысячи людей сидели за восхваление западной техники, дорог, машин и т. п. Участников афганской войны не сумели репрессировать, и они изменили страну.

СССР И ИЗРАИЛЬ

В конце 1981 года или в начале 1982-го Иосиф обратил моё внимание на Ливан. Там всё время росло напряжение. Стали появляться сообщения об увеличении советских военных представителей в Сирии. Израильская армия проявила повышенный интерес к северным соседям. А как нам стало об этом известно? Никаких знакомых в армейской верхушке у меня не было. Правда, у Иосифа были знакомые генералы. Но не от них у нас была информация. Обычно олимы проходили милуим в артиллерии и танковых войсках. Те, кто попадал в пехоту, несли патрульную и сторожевую службу. Наши дети проходили обычное армейское распределение. И вдруг мы обратили внимание, что у многих олим дети, особенно девочки, попали в разведотдел, где их используют в основном как военных переводчиков, хорошо знающих русский язык. Многие из них проходили службу на севере, на радиоперехвате. Это не могло быть случайным.

Ну, а что, если русские готовят в Сирии и Ливане плацдарм для русского десанта? Эта мысль пришла в голову Иосифу. Первая реакция — не может быть. А собственно, почему? Нет границы. Это серьёзно. Совсем не похоже на Афган. Но есть дружественные Сирия и Ливан, Ирак, где можно сосредоточить военную группировку. Опыт массовых перевозок грузовыми самолётами был у американцев в Германии, небольшой у Советского Союза. Захват Чехословакии в 1968 году произошёл именно таким способом — десантированием. И Энтеббе — маленькая, но очень удачная операция Израиля.

Теоретически возможна удачная военная операция при десантировании за тысячи километров.

И вдруг мы вспомнили Испанию и кубинский кризис. Несмотря на всю зыбкость и гипотетичность наших аргументов, они имели достаточно хорошую аналитическую базу.

Во-первых, Советский Союз имел некий исторический опыт переброски боевой техники и персонала: во время гражданской войны в Испании были переброшены несколько тысяч военных специалистов, тысячи тонн горючего и боевой техники.

Во-вторых, во время кубинского кризиса Советский Союз поставил на Кубу около 500 танков, несколько десятков самолётов и до 100 тыс. солдат и офицеров, а также гражданского персонала. Среди личного состава были не просто солдаты, а специалисты по радиоэлектронному прослушиванию, операторы ракетной техники. Сотни тонн груза переправлялись десятками, а может и сотнями кораблей.

Ливан — Сирия — Ирак находятся близко от СССР, и перебросить военнослужащих можно было самолётами, туристическими кораблями, переделанными под перевозку солдат грузовыми кораблями и даже танкерами. Надо было учитывать, что Турция, вероятно, могла контролировать проход русских судов через проливы.

* * *

Конечно, всё это было засекречено, но в СССР секреты долго не держались. Хорол уехал из Союза в 1969 году, я в 1976-м. К тому времени, кое-что стало просачиваться из военных тайников СССР: кто-то из военного или гражданского персонала неосторожно бросал слово. На сто тысяч ртов платок не накинешь. Какие-то сведения стали известны от кубинских перебежчиков и были опубликованы на Западе. Вот один из примеров такой информации, которую я услышал. Правда, она касалась Шестидневной войны. Рассказ бывшего сержанта:

«Служил я в десантных войсках в Фергане, на дворе лето 1967 года. Поднимают ночью по тревоге, берём с собой личное оружие и сухой паёк, и бегом к самолётам. Куда летим — секрет. Приказ — быть готовым к боевым действиям. Неспокойно. Воевать не хочется. Через час или два вошёл пилот и говорит:

– Отвоевались, повернули домой.

Кто-то спросил:

– А где мы?

– Над Турцией.

Куда мы летели, зачем летели? Приземлились на Украине».

В другом случае кто-то рассказывал, как переделывали грузовые корабли под перевозку людей. Кто-то из ребят, с которыми я учился в МХТИ, после командировки на Кубу рассказывал о своих впечатлениях. В частности, упомянул о тяжёлых условиях жизни советских солдат во время кубинского кризиса.

Конечно, такая информация жидковата. Но всё потихоньку сходилось: и газетные сообщения, и рассказы случайных людей, и собственные воспоминания. И тогда прогнозы наши были правильными.

* * *

Небольшое отступление. Я хочу рассказать о том, как я узнал о «кризисе» на Кубе. На сообщения в газетах о политическом кризисе на Кубе никто не обращал внимания. Газеты всегда были полны рассказами, как «мы правы, а они нет. И мы им покажем». И вдруг...

Я работал начальником смены на химзаводе им. Войкова. Я не знаю, существует ли там сейчас этот завод. Находился он на Лихачёвском шоссе, в районе Ховрино (остановка электрички «Сельмаш»). Формально это была ещё Москва, но уж больно дальняя её окраина.

...И вдруг среди дня, во время первой, самой интенсивной, смены объявляется общее собрание цеха. Цех был с очень сложной технологией, с множеством рабочих, в большинстве своём женщин-аппаратчиц. Собирают всех, а это около сотни человек, в коридоре первого этажа. Докладчик представитель Совмина РСФСР — мужчина, импозантного вида, лет 50–55, очень хорошо одетый. Вот он и говорит, что мы на пороге войны с Америкой. Слушают его с интересом, такого лектора-начальника давно на заводе, да ещё на рабочем собрании не было. К интересу примешивается некая насмешка — «поливай до тысячи», нам-то что. Выступление закончилось. Последовали аплодисменты. Затем выступил начальник цеха Пальчиц, умнейший человек и потрясающий технолог. Его авторитет в цеху был непререкаем.

Пальчиц не говорил, а командовал: «Бомбоубежища на заводе нет. В случае тревоги остановить все работы. Первый участок собирается с фасада здания и ложится на землю, второй участок собирается с тыльной стороны здания, и все ложатся на землю, третий участок собирается с торца здания, и все ложатся на землю. Противогазы для членов семьи возьмите на складе участков. Для детей противогазы привезут завтра. Всё, собрание закончено!»

Наступил общий шок. Повисла гробовая тишина. Если противогазы раздают даром, значит действительно страшно!

К счастью, война обошла нас. Кажется, Микоян в то время был на Кубе. В семье его кто-то умер, а он не смог прилететь на похороны. Это было в Москве в 1962 году

* * *

Вернёмся в Израиль. Я не хочу воспроизводить весь ход наших рассуждений. Смысл заключался в том, что под давлением СССР создаётся напряжённая обстановка на севере Израиля. Затем для защиты Сирии и Ливана вводится небольшая группа советских войск, которая неожиданно увеличивается и наносит удар через Ирак в тот же дружеский Кувейт. Удар молниеносный.

Но как скрытно провезти технику? А её не надо скрывать, маскировать. Надо, во-первых, избыточно вооружить Сирию, Ливан, Ирак, во-вторых, размер поставок должен был таким большим, чтобы избыток можно было независимо складировать, в-третьих, использовать армию арабских союзников для своих целей. Сосредоточение сколько-нибудь крупной группировки при современной разведке очень сомнительно. Значит, американцы вмешаются. На какой стадии — неясно.

Даже если бы советская армия не смогла осуществить бросок к Персидскому заливу, а по всей вероятности так это и было бы, то наличие значительного контингента советских войск в районе Ближнего Востока сильно изменило бы политическое положение Израиля. Мы стали вспоминать кубинский кризис, который состоял из нескольких фаз: установка советских ракет, их обнаружение, кризис, вывоз ракет и взамен как бы расплата за окончание кризиса, некоторая свобода советской экспансии. И Вьетнам, и Ангола, и Эфиопия, и Чили, и Афган, и даже Чехословакия — это оплата векселя советского миролюбия в 1962 году. Кто знает, какую цену потребовал сейчас Советский Союз? Может быть, Афган, а может быть, и Израиль. Конечно, США — защитник и друг Израиля, но вместе с тем за политические просчёты Америки расплачивается Израиль. Мы трижды отступали из Синая, нам не дали закончить войну Йом Кипур, Первую Ливанскую и т. д.

Конечно, это была игра, и как к игре мы к этому относились. Но ведь стратеги и генералы тоже проводят подобные игры. Разве футурологи не прогнозируют будущее, не создают критические ситуации? Мы без ложной скромности чувствовали себя равными с сильными мира сего. Единственное, что нас отличало, — это отсутствие ответственности, поэтому наши заключения могли быть более резкими.

Пока весь мир был занят советским вторжением в Афганистан, Советский Союз увеличил поставки Сирии и Ливану военной техники и параллельно накалял обстановку в Ливане. В распоряжении ООП оказались танки, «катюши», 130-мм пушки. Положение на севере перманентно то обострялось, то затихало. Гражданская война в Ливане также проходила стадии активизации и спада.

За пару месяцев до начала Первой Ливанской войны мы с Иосифом оценили количество оружия в руках Арафата. Мы считали, арсенал предназначен для 250–300 тыс. солдат. Через несколько месяцев эксперты немецких газет провели подобный анализ и заявили, что запасы оружия в Ливане были рассчитаны на 500 тыс. человек. Для кого предназначалось это оружие? Ведь армия Арафата состояла всего из 15 тысяч.

Такие же военно-политические оценки производились и позже.

ПОЛИТИЗАЦИЯ АРМИИ

Политизация армии началась сразу после прихода Бегина к власти. До победы Бегина вся армия была под влиянием Рабочей партии. Бегин назначил начальником генштаба Рафаэля Эйтана, пользовавшегося необыкновенной популярностью в армии. Пресса встретила это назначение в штыки. Стали публиковаться сообщения о его неинтеллигентности и профессиональной ограниченности.

Особенно это проявилось во время войны в Ливане. Перес организовал многотысячную демонстрацию против войны. Это дало толчок всем левым выступлениям. Во время войны эта позиция была антиправительственной, антигосударственной. Именно в тот момент, когда нужна поддержка армии тылом, начальник штаба корпуса, кажется, уже генерал, Амрам Мицна, заявил протест против действий Шарона. Он отказался возвращаться в Ливан, пока не уйдёт в отставку министр обороны Ариэль Шарон. Как офицер выступать с публичной критикой Шарона он не имел права. Ему это сошло с рук. Амрам Мицна продолжал службу в армии и через несколько лет стал командующим Центральным военным округом. После демобилизации сделал вполне успешную политическую карьеру. Это он впервые предложил одностороннее размежевание в Газе. К чему это привело, очень хорошо видно сегодня.

Полковник Гева, командир танковой бригады, осаждавшей западный Бейрут, повторил «подвиг» Мицна. Он снял с себя полномочия комбрига и самовольно покинул Ливан. В письме на имя Рафуля (а письмо «случайно», как и у Мицна, попало в печать) он объяснил отказ морально-этическими соображениями.

Действия Рафуля были быстрые и решительные: полковник Гева был уволен из армии. Иосиф и я думали, что Рафуль пресёк «бунт генералов». Через несколько лет Рабин хотел вернуть Геву в армию, но у него не получилось: офицеры были против. За кадром остались политические подстрекатели, которые сломали военную карьеру талантливого офицера.

Поскольку «бунт генералов» провалился, удар левых сил был нанесён прямо по Шарону и Рафулю. Их обвиняли в причастности к резне, которую устроили фалангисты в двух крупных лагерях палестинских беженцев Сабра и Шатила. Гражданские войны всегда сопровождаются чрезмерной жестокостью, а религиозные — тем более. Мусульмане нападали на жилые кварталы и резали христиан. Никто особенно не возмущался, христиане ответили нападением на лагеря беженцев. Было убито около трёхсот человек. Существовали однако весьма достоверные сведения, что в лагерях прятались палестинские террористы, которые не смогли эвакуироваться вместе с Арафатом.

В Сабре и Шатиле не было израильских войск. Но для Переса и его левой команды это не имело значения. Левые израильские журналисты, а за ними и иностранные, обвинили во всём израильскую армию и её руководителей — Шарона и Рафуля. У Рафуля кончалась каденция, а Шарона на несколько лет отстранили от принятия политических решений. Это был нокаут Бегину. Политическая дуэль Бегин — Перес закончилась победой Переса.

Ко всей этой политической войне Иосиф относился очень

болезненно. Бегин, по его словам, не мог справиться с левым движением. Вся пресса, весь государственный аппарат, гуманитарные факультеты университетов продолжали быть левыми, иногда просоветскими, активно пропагандировали антисионистские взгляды. А у правых даже не было своей газеты! По сей день левизна израильских СМИ наносит ущерб государству.

КАК И КОГДА НАЧАЛСЯ РАСПАД РОССИИ

Слава богу, история пошла по-другому, не по варианту СССР. Даже незаконченная операция в Ливане перевернула все планы. Оценивая Ливанскую войну, нельзя забывать, что был ликвидирован плацдарм для советской агрессии на Ближнем Востоке. Именно эта часть войны была закончена. Между прочим, захват Кувейта Ираком в августе 1991 года — запоздалая и неудачная отрыжка советского плана вторжения на Ближний Восток, хотя сама военная операция была спланирована грамотно: за один день Кувейт был захвачен. Несмотря на то, что кувейтская армия была несоизмеримо слабее, она сопротивлялась: сумела передислоцировать авиацию в Саудовскую Аравию, эвакуировать эмира и т. д.

Особое место в наших дискуссиях отводилось влиянию распада России на судьбу Израиля. Ещё в лагере мы предрекали развал Советского Союза. Но является ли распад СССР продолжением распада России? Я на эту тему давно и много думал, даже пытался писать, и часто делился с Иосифом своими взглядами.

В целом наши точки зрения совпадали, но были и разногласия. Например, я датировал начало распада России семидесятыми годами 19-го века, антирусскими решениями Берлинского конгресса, когда успешная война с турками закончилась мизерными итогами в пользу России. Иосиф убедил меня, что распад начался раньше. Он датировал его проигранной русско-турецкой (Крымская война) войной 1853–1856 годов. Россия неудачно воевала ведь только в Крыму, а на Кавказе и в придунайских землях её военные действия были вполне успешны. Предлогом для войны послужили разногласия из-за «святых мест» в Палестине, начавшиеся ещё в 1850 году. Православная и католическая церкви спорили о «палестинских святынях», находившихся на территории Османской империи. Речь шла о том, какой из церквей принадлежит право владеть христианскими памятниками в Иерусалиме и его окрестностях. Россия защищала православное духовенство, а Франция покровительствовала католикам. Кроме того, Турция, в которой проживало достаточно много христиан, отказывалась обеспечить их равноправие с мусульманами.

Война закончилась Парижским конгрессом. По мирному договору (трактату) Россия отдала южную часть Бессарабии с устьем Дуная, на Кавказе — Карс и всю Карскую область. Но самым главным условием была «нейтрализация» Чёрного моря: ни России, ни Турции не разрешалось иметь на Чёрном море военный флот и военные крепости. Черноморские проливы объявлялись закрытыми для военных судов всех стран. Черноморское побережье России осталось без военно-морского прикрытия. Потеряв устье Дуная, Россия перестала контролировать придунайскую торговлю на Балканах и, что очень существенно, лишилась права выступать в качестве защитника православного населения на территории Османской империи и быть апотропусом Сербии и Дунайских княжеств. Это ослабляло влияние России на Балканах и на Ближнем Востоке.

Поражение России в Крымской войне может быть оценено

как национальная катастрофа. После неё начались систематические неудачные войны и потери территорий. Продажа Аляски, неудачная русско-турецкая война 1877–1879 годов, замедленная колонизация Дальнего Востока, поражение в русско-японской войне 1905 года, ужасающий Брестский мир, превративший Россию из страны-победительницы в страну, проигравшую войну, Пиррова победа в финской войне 1939 года и Отечественной войне 1941–1945 годов, развал СССР в 1991 году — это всё одна цепочка последовательных процессов. В истории 20-го века были некоторые периоды, когда русско-советская империя пыталась присоединить или, по крайней мере, контролировать определённые территории, входившие в Русскую империю, и оказывать влияние на развивающиеся страны Африки, Азии и Латинской Америки. Но, в общем, этот контроль и влияние были краткосрочными, изматывающими Россию, что привело её к окончательному распаду.

И ещё мы обратили внимание на то, что сегодняшний интерес России к «святым местам», к Израилю не случаен, а постоянен, по крайней мере, в течение 200 лет. И с этим Израилю надо считаться, это надо учитывать.

ВОЙНА В ПЕРСИДСКОМ ЗАЛИВЕ

Война в Персидском заливе надела на весь Израиль противогазы. Люди ходили на работу с противогазами, шли с противогазами на свидание, сидели с противогазами в кафе и ресторанах. В каждой квартире была комната с заклеенными окнами. 39 ракет было выпущено на Израиль.

Израиль молчал, Израиль проявлял выдержку. Мне была не

понятна эта выдержка. Нехотя Иосиф (он с трудом принимал «сдержанность» в ответ на ракеты Ирака) пытался разъяснить мне, что это была просьба США, что США боятся разрушить коалицию, что США приложат все усилия, чтобы защитить Израиль. Реальные потери Израиля были ничтожны: несколько повреждённых домов в Рамат-Гане и 2–3 человека убитых. Но моральные потери были колоссальны. Народ перестал верить, что правительство может его защитить.

Я работал в компании, в которой во время Первой Ливанской войны все мужчины прошли через Ливан (только я, которому стукнуло 50, и хозяин, он на 10 лет был старше, не были мобилизованы). Я помню, как живо обсуждались ливанские дела: все всё знали — и ливанские населенные пункты, и израильских командиров.

А в Войне в заливе всё было не так, непонятно. Никого не мобилизовали. Здоровые, привыкшие к оружию, привыкшие защищать свои семьи мужики сидели в противогазах с маленькими детьми и жёнами. Даже женщины пожимали плечами: «Обычно во время войны мы управляемся сами». Стояло жуткое противоправительственное раздражение. Никто не хотел войны, но и бояться, сидеть и ждать, когда на голову упадёт ракета, да не просто ракета, а с химическим зарядом, тоже было невыносимо.

Люди забегали: кто побогаче, стал перевозить семью за границу, другие переехали в Иерусалим, в Беэр-Шеву или в Эйлат — туда ракеты не долетали. Мэр Тель-Авива, генерал Шломо Лахат (по прозвищу Чич, бывший командующий бронетанковыми войсками) обвинил всех покинувших Тель-Авив в дезертирстве. Начались споры: имеет ли право человек бежать из страны, чтобы спасти свою семью. И я, и Иосиф считали, что если государство не может защитить своих граждан, то оно должно помочь в эвакуации населения в безопасные районы. Такими районами могли быть поселения. Позиция Лахата нас возмущала. Во время Второй ливанской войны людей эвакуировали. Мы оказались правы.

Для Иосифа отстаивать точку зрения Ицхака Шамира, тогдашнего главы правительства, было трудно. Президент Ирака Саддам Хусейн хотел втянуть Израиль в войну. За этим последовал бы выход из антииракской коалиции арабских государств, которые заявили, что не будут участвовать в военном союзе с Израилем. США лишились бы поддержки арабов. Коалиция бы распалась. Легитимность войны была бы под сомнением. 39 иракских ракет упали на территорию Израиля, но Шамир не поддался на провокацию. Сдержанная позиция, которую занял Шамир, доказывает, что для США стратегическое значение Израиля мало что значит.

В конце концов я убедил Иосифа, что молчание было стратегической ошибкой. Я и сейчас считаю, что ущерб от нашего невмешательства не исчерпан. Нас убедили, нам объяснили, нас заставили не отвечать на систематический обстрел Тель-Авива во имя какой-то абстрактной выгоды американских союзников. Безнаказанный обстрел Сдерота — это следствие молчания Ицхака Шамира, следствие отсутствия долгосрочной стратегии и дипломатии. «Если Вы промолчали, когда обстреливали миллионный Тель-Авив, то молчите, когда обстреливают маленький, никому не известный Сдерот. Есть высшая выгода». Восемь лет ждали.

КОНВЕНЦИОНАЛЬНОЕ И НЕКОНВЕНЦИОНАЛЬНОЕ ОРУЖИЕ

В связи с ожиданием ракеты с химической начинкой возник вопрос о конвенциональном и неконвенциональном оружии. Я по образованию химик и ещё в студенческие годы в Москве, учась в Московском Химико-Технологическом Институте, столкнулся с этими понятиями. На военной кафедре нас учили применению и защите от химического, биологического и атомного оружия. Однажды я на учебном полигоне в Белоруссии даже дезактивировал пушку. Очень тяжёлая работа. И если о производстве химического оружия я имел определённое представление, то о биологическом и атомном оружии — почти никакого.

Чем отличается конвенциональное оружие от неконвенционального? На мой взгляд, сложностью изготовления и сложностью применения и использования. Как только преодолеваются технологические и военно-тактические трудности, оружие переходит в разряд конвенционального. Ведь основной характеристикой неконвенционального оружия является массовое уничтожение неприятеля. Но ради этого и ведутся все войны. Противник должен быть уничтожен, иначе война не выиграна.

Все свои рассуждения относительно оружия я изложил Иосифу. Конечно, последовали вопросы, но в целом он быстро согласился с моей теорией.

– Ну и что? Какие можно из этого сделать практические выводы?

– В ближайшие десятилетия у большинства крупных государств, таких, как Бразилия, Турция, Иран, Ирак, Египет, Германия, Япония и т. д., будет весь или частичный джентльменский набор. Страны помельче смогут либо целиком купить такое оружие вместе с техникой применения, либо отдельные части, а остальное доделать сами. Так же как сегодня делают с покупкой танков, самолётов, ракет. К такой расстановке сил надо быть готовым уже сегодня. Техническая сторона защиты будет решена по мере создания специальной противоракетной техники, способов дезинфекции или дезбиологизации. А вот политический аспект программы совершенно открыт.

Ещё я обратил внимание на то, что тыл Израиля не готов к неконвенциональной войне. Существующие бомбоубежища не предназначены для защиты от химического, биологического и атомного нападения. Более того, к такой войне Израиль не был готов в 1990-е годы и не готов через 25 лет. Неконвенциональное нападение может последовать не только от Ирана, но и из Сирии, из Ливана, из Газы и из Рамаллы.

Никакой радости Иосиф от моих заключений не испытывал.

Тогда мы ещё не говорили об Иране. Этот вопрос возник позже. Моя позиция была очень чёткая: мы должны будировать, добиваться закрытия иранской программы и т. д., но самим не участвовать в уничтожении иранского реактора. Другими словами, не выходить за рамки дипломатической борьбы и разведывательных операций.

Если мы сами уничтожим атомный реактор в Иране, мы только отсрочим создание там атомной бомбы. Её создание станет вопросом чести Ирана. Но самое главное, мы не выдержим давления тех, кто потребует прозрачности или закрытия израильской атомной программы. Основная стратегическая опасность исходит для Израиля не от Ирана с его атомной бомбой, а от Палестинской автономии, которая мелкими диверсиями и

терактами парализует еврейское государство, от ползучей капитуляции, от мнимой борьбы за мнимые права человека, от
ложного понятия так называемого «мирного населения».

* * *

Однажды мы приехали к Хоролам, когда у них в гостях были
Итточкины друзья из Китая. По-видимому, разговор шёл об Иране
и его атомной программе. Иосиф сразу включил меня в разговор.

— А у него есть другое мнение, послушайте его.

Я стал излагать свою точку зрения и никого не убедил. Оппонентов не было, согласных тоже. Разговор вежливо увял.

— Ты не смог убедить трёх старых доброжелательных евреев.
Может быть, твоё отношение к Ирану неправильное?

— Популярность концепции не есть её правота.

— Но ведь с Ираком мы оказались правы. И через несколько
лет весь мир признал нашу правоту.

Мы вспомнили, как узнали о бомбардировке иракского реактора. Было лето 1981 года, июль. Израиль готовился к выбо-
рам в Кнессет. Новая партия Тхия набирала силу. Лида и Барух
Подольские, тогда члены этой партии, предоставили свою квартиру под предвыборное собрание русскоязычных сторонников
Тхии. Должен был выступать профессор Юваль Неэман, лидер
партии. Хорол обещал привезти его к Подольским.

Квартира была переполнена, кондиционер не справлялся,
было жарко. Прошёл час, люди стали нервничать, ожидание стало утомительным, появилось раздражение. Боря и Лида успока-
ивали, говорили, что они звонили Неэману, он обещал приехать,
просил извиниться и не расходиться.

Наконец, часа через два — два с половиной Иосиф и Итта Хорол привезли Неэмана. Он извинился:

– Господа, простите, у меня было неожиданное очень срочное совещание. Поверьте, я не смог отказаться.

И провёл всё собрание с блеском.

Я тихо спросил у Иосифа: «Что случилось? Почему опоздали?»

– Мы уже были в дороге, когда Ювалю позвонил Бегин (тогда не было ещё пелефонов [мобильников], но уже были портативные радиостанции) и просил быстро приехать. Премьеру не отказывают.

«Премьеру не отказывают» — значит, произошло нечто особенное.

А наутро стало известно, что наши самолеты разбомбили иракский атомный реактор: Неэман был вызван к Бегину, требовались его последние консультации. Раньше он был советником Рабина по борьбе с террором. А ещё раньше — замначальника военной разведки. Это он ввёл в работу разведки компьютер. Его авторитет и в науке, и в политике был очень высок, Бегин считался с ним, хотя их политические взгляды расходились.

Эта была блестящая операция, по мастерству — второе Энтеббе, а может быть, даже и выше.

Однако, возвращаясь к тому разговору с Итточкиными друзьями, я думаю, что было немного другое время и другая ситуация. В 1978 году были уничтожены во Франции два атомных реактора «Таммуз-1» и «Таммуз-2». Это не остановило работы. Затем три иракских ядерщика умерли при загадочных обстоятельствах. И это не помогло. Остановить Саддама уже было некому и некогда. Советский Союз всячески поддерживал работы по созданию атомной бомбы в Ираке, считая, что атомная бомба будет направлена против Израиля и США. Страх перед атомной бомбой заставит Израиль быть уступчивым. Угрозы для СССР от неё не будет.

Международная политическая реакция на израильскую атаку была резко отрицательной. Международные организации осудили действия Израиля. Совет Безопасности потребовал выплатить Ираку компенсацию. В самом Израиле оппозиция во главе с Шимоном Пересом критиковала решение правительства. В ответ на бомбардировку Ирака США временно приостановили поставку вооружений в Израиль.

Но неофициально Израиль был поддержан даже арабскими странами, особенно после Войны в Персидском заливе. Добили иракский реактор американцы в 1991 году. Но мы говорим не только об атомной бомбе. Шла война Ирак — Иран. Химическое оружие в ограниченных количествах применяли обе стороны: и Иран, и Ирак. В 1981 году перевес в войне был ещё на стороне Ирака, но ведь и бомбы как таковой не было, а через год-два-три установилось равновесие, и если была бы бомба, Хусейн сбросил бы её на Тегеран. Тактически мы сняли угрозу, стратегически — перенесли на другое время и в другую страну.

– Значит ты против бомбежки Ирака? Помнится, ты этим гордился.

– Я и сейчас горжусь. Но речь идёт о стратегической угрозе на многие годы.

– Никто стратегией в твоём понимании заниматься не будет. Все живут одним днём.

Я вспомнил, как в середине ирано-иракской войны у нас было блестящее предложение организовать переезд без права возвращения ста тысяч молодых арабов с территорий Иудеи, Самарии и Газы и граждан Израиля в Ирак, для того, чтобы они вступили в иракскую армию и участвовали в войне с Ираном.

Мы считали, что таким путём можно было бы снять антиизраильское давление на территориях и в самом Израиле. Это была моя идея, которую Иосиф поддержал и высказывал её Рафулю и Неэману, но они, по всей вероятности, его не поддержали. Иосиф не любил об этом говорить.

* * *

Здесь, наверное, уместно вспомнить и мое предложение относительно трансфера по согласию.

В декабре 1991 года распался СССР. На его месте образовались самостоятельные государства с плохо развитой экономикой и политической структурой.

Одним из них был Казахстан. Образованная в конце 1920-х годов новая автономная республика Казахстан имела столицу в Оренбурге, затем её перенесли в Кзыл-Орду, а потом в Алма-Ату. В независимом государстве столица переместилась в Целиноград, бывший Акмолинск, звучащий по-казахски Акмола и переименованный в Астану.

Маленький, заштатный, ободранный, застроенный хрущевскими пятиэтажками город должен был превратиться в современную, модерную столицу. Возникли гигантские планы. Ещё в советское время город рос с необыкновенной скоростью. В сороковые годы это был сорокатысячный город, в шестидесятые — уже стотысячный, за 20 лет его население удвоилось, и в восьмидесятые оно составляло двести тысяч. К девяностым годам, когда туда была перенесена столица, население достигло 270 тысяч, а к 2010, то есть через 15–20 лет, оно уже перевалило за 600 тысяч человек.

Открывался огромный масштаб работ. Для этого нужны

были строительные рабочие. А их в СССР не хватало, и в независимом Казахстане не хватало. Идея заключалась в том, чтобы заключить с Казахстаном договор на поставку палестинских строительных рабочих, которые получили бы там гражданство. Пусть для начала этим планом будет охвачено несколько сот человек. Проложить муравьиную тропку, по которой, может быть, пойдёт караван.

Иосиф с насмешливой грустью относился к моему проекту. Я написал письмо Ганди, лидеру партии Моледет, в программе которой был записан трансфер по согласию. Ответ пришёл быстро. Этим проектом Ганди не хотел заниматься.

СТАТЬ ПОСЕЛЕНЦЕМ

В это же время случилась ещё одна история, которая привела всех нас в сильное раздражение.

Мой старший сын хотел жить в поселении. Всё равно в каком. Было ему 26 лет. Он прослужил четыре года в армии и заканчивал колледж. На какой-то выставке мы увидели проект застройки Офарим — поселения, которое должно было быть расположено через гору от поселения Бейт-Арье. В Бейт-Арье у нас жили друзья, и мы там часто бывали. Сын поехал в Офарим. Там стояло шесть караванов. И это всё. Сыну там понравилось, и он всем понравился. Все были молодые, все были энтузиасты.

Стали хлопотать о его приёме в ишув. Обратились в амуту, но там не оказалось свободных караванов. «Чепуха, — сказал сын, — мне не нужен государственный караван. Я сделаю свой!» Всем понравилась эта идея. Сын поехал в «Эгед» и купил списанный автобус, привёз его в мошав около Кфар-Сабы и стал превращать автобус в жилой дом. Он разделил его на 4-и части — спальню, салон, кухню и санузел. Всё было сделано за свой счёт и собственными руками. На это ушло 2–3 месяца.

Оставалось только его транспортировать. Вот тогда и начались проблемы: амута не давала разрешения на установку. Все хлопоты ни к чему не привели. Написал сын письма Шарону и Ганди. Один не ответил, второй написал, что на решение амуты он повлиять не может.

Иосиф тоже пытался с кем-то поговорить, и у него ничего не получилось.

– Это не мои лидеры, — сказал сын и больше никогда за них не голосовал.

* * *

После уничтожения иракского реактора прошло двадцать лет. Опять появилась атомная угроза. Ситуация в мире изменилась. Рухнул Советский Союз, почти развалился Ирак, сильно усилился Иран. Расстояние Израиля от атомной угрозы увеличилось. Но появилась независимая мусульманская Средняя Азия, за влияние на которую сегодня борются Россия, Китай, Иран и Турция. При определённых обстоятельствах иранская атомная угроза может быть направлена и на Россию. Тактически всё изменилось, а стратегически для Израиля всё осталось неизменным. И это итог бомбардировки. Это надо понимать.

Вторая война в Персидском заливе (2003 г.) была предсказуема. Между первой и второй иракскими войнами прошло более 10 лет. Ирак продолжал вести активную внешнюю политику, угрожая своим соседям неконвенциональным оружием или, как его стали называть, оружием массового поражения. Разведка

Ирака, его дипломатические и пропагандистские службы работали профессионально и на очень высоком уровне, так что разведывательные органы Америки, Израиля и других стран принимали блеф за правду (говоря по-лагерному, Хусейн классно «затуфтил»). Страх сковал разум администрации Буша-младшего. И вот Америка решила призвать Саддама к ответу. Что американцы имели в виду? Сменить государственный строй в Ираке, построить демократические институты, если не такие, как в Америке и Европе, то похожие. И главное, правительство Ирака должно стать лояльным к США.

Ясно было, что Америка победит. Несоизмеримая военная мощь. Война имела и некий назидательный характер. Противника надо не только разгромить, но и проучить, чтобы и ему, и подобным было неповадно даже думать о неповиновении.

Война Америки с Ираком должна была привести к разрушению всех институтов власти, действующих в Ираке, и к созданию новых видов управления. Демократического управления.

Разрушение саддамовских институтов власти и армии прошло удовлетворительно: по формуле «весь мир насилья мы разрушим до основанья, а затем…». На «затем» надо остановиться. Население Ирака 27 млн человек и оно представлено тремя общинами: суннитской арабской (48%), шиитской арабской (36%) и суннитской курдской (18%).

Все три иракские общины подвергались одинаково жёстким репрессиям: курды — за сепаратизм, шииты — за идеологию, сунниты — за попытку переворота, за желание устранить его, Саддама, от власти. Всем выдавалось по заслугам. Не было исключений.

Либерализм не мог устранить остроту межэтнических и межрелигиозных конфликтов. Мы это понимали. И очень странно, что это не понимала администрация Буша-младшего. Как мы и думали, Ирак погряз в терроре. И конца этому не видно. Поразительно, что наши прогнозы оказались абсолютно точными.

ПРОБЛЕМА ЛЕВЫХ ДВИЖЕНИЙ

Шоком для Иосифа, да и для меня было одностороннее размежевание с Газой, предложенное Шароном. Шарон, в 1977 году назначенный на пост министра сельского хозяйства, предложил двадцатилетний план строительства поселений. Это было настоящее наступление, штурм. Новая политика «фактами на земле», вызов всему миру, считавшему неизбежным возврат арабам захваченных территорий.

И вдруг отступление. Инициатива Ариэля Шарона стала полной неожиданностью не только для Хорола, но и для всей страны.

В предвыборной кампании Шарон утверждал, что «статус Нецарим ничем не отличается от статуса Тель-Авива». И вдруг уходим, а может, бежим. Мы помнили, как Вильнаи, в то время командующий Южным военным округом, выводил ночью армию из той же Газы после договора в Осло. Почему ночью? Не от стыда ли?

Куда делись страстные предвыборные клятвы? Нецарим отдали. Что осталось от статуса Тель-Авива?

Нецарим, Нецарим. Маленькое поселение, всего 60 семей. Нецарим, где было и великолепно развитое современное аграрное хозяйство, и ешива, и школа. Где с 1972 года, ещё при Голде Меир, поселились евреи. Нет больше Нецарим. А политические лозунги развеяны по встру.

План предусматривал вывод всех подразделений ЦАХАЛа

и снос 21-го поселения в Газе и 4-х в Самарии. Когда такое отступление планировал Амрам Мицна из партии Авода, это было нормально, но от Шарона?! — душа не принимала.

С декабря 2003 года, когда Шарон впервые, выступая на конференции в Герцлии, обнародовал свой план отступления из Газы, до сентября 2005 года шла непрерывная борьба за отмену этого плана. Иосиф в ней участвовал. Шарон оказался сильнее и ловчее всех. Авигдор Либерман, Беньямин Элон, Ландау вышли из правительства. Беньямин Нетаниягу, Лимор Ливнат, Дани Наве проголосовали за «размежевание», но потребовали проведения референдума по вопросу о поддержке плана одностороннего размежевания с палестинцами. Им пообещали референдум и обманули, да не просто обманули, а публично, как политических первоклассников. Шарон с лёгкостью их оставил прилюдно в дураках. Вот пример неправильного понимания политики.

Перед Нетаниягу и его командой стояла дилемма: или решить экономические проблемы, или выступить против размежевания. Они выбрали решение экономических задач. Обещания в политике мало чего стоят. Ведь и сам Биби клялся, что не отдаст Хеврон. Прижали — и отдал. На совести Нетаниягу лежит участие в отступлении. И этого забывать нельзя.

* * *

Трагедия совершилась. Иосиф очень тяжело переживал отступление, которое он считал просто предательством, объяснения этому не было. Все заклинания, все обещания о том, что к Тель-Авиву и Нецарим будет одинаковое отношение, оказались пустыми словами. Шла цепочка абсурдных решений, заложенных Бегиным, продолженных Рабиным и осуществленных Шароном. Сбылись наши слова «Если Бегину можно, можно и всем остальным».

Моя точка зрения была такова: отступления прекратятся только после того, как сменится полностью руководство страны, получившее шок от войны Йом Кипура. На это уйдёт два поколения, 40 лет. В мировой истории часто внуки и правнуки не соглашаются с решениями, которые приняли их предки.

Хорол разделял мнение некоторых правых лидеров о том, что с уходом евреев из Газы, её начнут покидать и арабы. Я был не согласен с этой точкой зрения, и, считал, что в Газе начнётся строительный бум, который повлечёт за собой общий экономический подъём и приток рабочей силы из Египта или через Египет. Такая ситуация увеличит агрессивность руководства Газы и будет создавать давление на границе Израиля. Вторая Ливанская война и операция «Литой свинец», хотя и не были полной неожиданностью, но не вызвали бурной реакции.

Болезнь и усталость надломили Иосифа. Разочаровал генералитет, оказавшийся неспособным вести современную войну. Предвиденье Иосифа оказалось опять правильным. Во время первой интифады распоряжения Рабина, который был министром обороны, были неоднозначны, а политические заявления противоречивы. В одном случае он требовал жёсткого подавления восставших («ломать руки и ноги»), в других — отказывался от своих слов, говорил, что его неправильно поняли. Такая неопределенность самым отрицательным, разлагающим образом действовала на армию, особенно на её офицерский корпус. Наиболее решительные офицеры, пытавшиеся подавить интифаду, выдавливались из армии. В армии оставались и продвигались по службе наиболее политизированные офицеры, безынициативные, не желающие брать ответственность. Нерешительность армии только побуждала арабов к активным действиям.

Полковник Йегуда Меир, буквально воспринявший призыв Ицхака Рабина «переломать руки и ноги» участникам интифады, был разжалован в рядовые и изгнан из армии. Некоторые старшие офицеры ЦАХАЛа и полиции, для того чтобы угодить политическому руководству и позаботиться о своей карьере, стали говорить неправду, давая различные интервью корреспондентам СМИ. Ложь, идущая от командования, пронизывала всю армию, до последнего рядового солдата. Капитаны и майоры первой интифады, нерешительные и политизированные, за 20 лет выросли до никудышных генералов.

Наше отношение к итогам Второй Ливанской войны и операции «Литой свинец» было отрицательным. Ни государство, ни армия не были готовы к войне. Иосиф говорил: «Посмотри, какой парадокс: много лет в Израиле не назначали начальником генштаба авиационного генерала. Даже Вейцмана не назначили на эту должность. Выше зама не поднялся. И это при его связях и его влиянии. А ведь это он построил современные ВВС, по существу он выиграл Шестидневную войну. Авиация стала самой передовой частью армии, а её генералы оказываются на обочине. Дождались, назначили и проиграли войну. А Халуц ведь пытался армию реорганизовать».

Израильская армия связана по рукам и ногам гуманитарными соображениями. Ей ничего нельзя. Разбомбить электростанцию нельзя: есть гарантии правительства. Мы уже один раз заплатили за повреждения трансформатора. Штабы, склады, ракетные установки палестинцев расположены около, а иногда и внутри объектов ООН, школ, больниц, детских садов. Размещать военные объекты под защитой различных общественных организаций можно, а уничтожить их нельзя.

Раздражающе непонятной была политика почти полного иммунитета руководителей террористических организаций. Для справедливости надо заметить, что и до операции «Литой свинец» и после она сохранилась. Палестинские лидеры всё время прячутся около своих семей, отчётливо понимая, что женщины и дети — наиболее сильный щит.

Иосиф говорил, что идёт настоящая война, в которой нет мирного населения, и в этом наши точки зрения совпадали. Современные войны тотальны: фронт и тыл совмещён. «Мирное население» — понятие 19-го, даже не 20-го века. Человек, который ремонтирует самолёт или танк, выпекает хлеб и шьёт военное обмундирование, участвует в войне. И всё равно, кто он: мужчина, женщина или подросток.

* * *

Как-то перед выборами 1977 года Хорол сказал мне, что возможна гражданская война в Израиле. Он стал развивать теорию о её вероятности. Меня очень удивила эта тема, к которой я поначалу отнёсся недоверчиво и был не готов к её обсуждению.

Точка зрения Иосифа приблизительно была такова: в левых организациях, особенно в кибуцах, сохранилось много оружия. В армии много кибуцников, офицеров и генералов левой ориентации, которые, если не начнут, то поддержат гражданскую войну. В случае политического поражения левые политические силы попробуют силой отыграть свои позиции. В течение многих лет Иосиф неоднократно возвращался к этой теме. Дважды выступал с докладами на семинаре у Вайнберга (159).

Израиль очень противоречивая страна. Есть, по крайней мере, четыре группы с различными интересами: этническая, социальная, религиозная и политическая. В разное время каждая из этих групп выдвигает свои требования, на которые общество так или иначе откликается.

Гражданская война — это НЕ вооруженное сопротивление отдельных групп правительству, а война этих групп между собою. Это возможно, когда интересы не совпадают, когда они взаимоисключающие, и нет возможности достичь компромисса.

Иосиф приводил примеры, которые он расценивал как начало гражданской войны. Конечно, это была операция «Сезон» в 1946 году, которая сопровождалась выдачей англичанам сторонников «Эцеля» и «Лехи», похищениями и убийствами людей правого лагеря.

Другим примером была операция «Альталена», в которой по приказу Бен-Гуриона Рабин потопил корабль с оружием и некоторых сопровождавших его евреев, сторонников Бегина. Но эти примеры нельзя считать абсолютно чистыми. В случае «Сезона» был еще догосударственный период, и борьба шла между двумя группировками. Аморальность была, но гражданская война не имела места именно потому, что общество не поддержало ориентацию левых сил на Англию, которая вела проарабскую политику. Англия, выпустив Белую Книгу в 1939 году, изменила декларации Бальфура, и это усилило Холокост.

Публикация Белой книги стала поводом для активного сопротивления ишува, сопротивления британскому режиму в Палестине.

Второй случай ещё более сложный. Уже было государство, уже была единая армия. Существование второй армии несомненно привело бы к гражданской войне. Это понимал и Бен-Гурион, и, в конце концов, понял и Бегин. Левые и правые руководители ишува не смогли договориться. В этом и была аморальность.

Но в любом случае, это были отдельные, не связанные между

собой события, которые не имели продолжения, то есть гражданской войны не было.

В 1970-е годы я не видел групп, способных начать гражданскую войну. Большинство людей, считавших себя левыми, не желали участвовать в гражданской войне. Население устало от длительного, почти тридцатилетнего правления левых сил, особенно это стало чувствоваться после неудачной войны Йом Кипур. В то же время руководители левого лагеря с гордостью вспоминают об участии в операциях «Сезон» и «Альталена». Никто из правых руководителей не призывал к гражданской войне.

Проигранные выборы 1977 года сдвинули левые силы в сторону от руководства государством, а развал Советского Союза привёл к полной деморализации левого лагеря: рухнула моральная поддержка, рухнула материальная помощь. Компартия через аппарат ЦК КПСС получала деньги. Через всякие общественные фонды получали деньги и другие левые организации. После 1991 года левый лагерь медленно агонизирует. Те экстремистские группы, которые ещё существуют, не опасны для государства. Они могут перейти к индивидуальному террору, моральному террору. Наиболее активные представители левых радикальных групп писали: «Возможна ситуация, в которой я скажу: нужно избавиться от этой части общества (поселенцев — В. М.). И тогда гражданская война меня не испугает». Это написал Моше Негби, нынешний юридический обозреватель радиостанции «Коль Исраэль». «Тот, кто вызывается служить в Иудее и Самарии, ничем не лучше эсэсовца», — профессор Моше Циммерман. «Я призываю вас взяться за оружие, ответить им (поселенцам. — В. М.) огнём».

«Да, взяться за оружие» призывал профессор Иерусалимского университета Йешаягу Лейбович.

«Поселенцы «мессианская хунта... вооружённые гангстерские банды, преступники против человечества, садисты, погромщики и убийцы» — писал известный в Израиле писатель Амос Оз. Через несколько лет после размежевания, проведенного Шароном, тот же Амос Оз писал: «В страданиях поселенцев, которые они демонстрировали перед телекамерами, было больше дешевого "китча", чем искренних чувств. Да и вообще, зарвавшиеся поселенцы получили по заслугам. Пусть они хоть немного помучаются так, как мучились из-за них тридцать лет жители свободного Израиля!»

Эти левые интеллигенты представляют идеологическую опасность, так как вне всякой пропорции представлены в университетах, в высших юридических инстанциях и в средствах массовой информации. Их деморализующее влияние, особенно на молодёжь, очевидно.

Такого рода высказывания, такого рода взгляды и настроения есть отрыжка советской эпохи, которая, к сожалению, медленно вылечивается. Но поднять гражданскую войну они не способны. Впрочем, часть левых экстремистских групп могут участвовать в арабском восстании. Но тогда это другая гражданская война.

За последние годы окрепли правые силы и в них появились радикальные группы. Но их борьба в основном направлена против палестинских арабов. Только в тех случаях, когда государство оказывает на них давление, разрушая их детище — форпосты, они оказывают сопротивление армии и полиции. Слава богу, что такое сопротивление не доросло до применения огнестрельного оружия. Но оно в принципе возможно, и это не будет гражданской войной.

Ещё раз хочу подчеркнуть, что сопротивление правительству не есть гражданская война. Во многих странах мира накал сопротивления армии и полиции достигает рукопашного боя. Для разгона таких демонстраций полиция применяет слезоточивые газы (разве это не химическое оружие?), дубинки (а чем они лучше солдатских прикладов и казачьих нагаек?), пожарные машины, красящие материалы. Разрабатываются камнебросательные машины и жидкости с запахом нечистот.

Мы с Иосифом обсуждали проблему разбазаривания социальной силы левыми движениями.

– Посмотри на забастовки и демонстрации левых. Толпа разбивает витрины, грабит магазины, уничтожает автомобили, поджигает дома. Улицы после разгона таких демонстраций похожи на улицы, по которым прокатилась война.

В большинстве случаев (за исключением арабов в Европе) это инициатива левых сил, которые борются за «права человека» в основном в демократических странах. Например, в Северной Корее всё с правами в порядке и никто ни за что не борется, а в Южной Корее «борцы» очень эффектно бьют витрины магазинов и сжигают машины. Зачем всё это?

В Европе демократическими способами все блага можно получить и без погромов. Как, например, в Швеции.

В Израиле вся острота борьбы выражена борьбой за права арабов. Борьба за права арабов острее и глубже, чем за права евреев. Арабы не доросли до прав, которые хотят им дать (фактически навязать) евреи. Например, в семейном праве, в системе выборов. Для них система родового права выше индивидуального. В каком-то смысле они правы.

Левые готовы броситься в любую дыру и поддержать самые кровавые режимы: Советский Союз, Кубу, Пол Пота, Югославию, Че Гевара.

* * *

О Югославии мы много говорили. У меня есть теория распада многонациональных государств. И в данном разговоре Иосиф на неё ссылался:

– Распада Югославии можно было ожидать. Сразу после смерти Тито начались трения в руководстве. Каждая из союзных республик претендовала на руководящую роль в государстве. Наиболее острые разногласия начались между сербами, боснийцами и хорватами. Сербы-православные, хорваты-католики, боснийцы-мусульмане-сунниты. От социалистической интеграции всё вернулось к религиозным войнам. Многовековые претензии вылились в автоматные очереди. У всех появилось оружие. Произошла «калашниковизация» общества. Сербы были сильнее и установили бы свой порядок. Но вмешались международные силы, и началась гражданско-религиозная война, в которой каждый, кто быстрее начинал стрелять, был прав.

Почему Сарид выбрал себе амплуа защитника мусульманского населения Югославии, нам было не понятно. Видимо, это была своеобразная поддержка палестинцев. Но ведь это безумие.

В Израиле есть вероятность восстания арабов граждан Израиля, то есть гражданской войны, которой опасается правительство. Такая попытка была в 2000 году, но её быстро и решительно подавили. В октябре 2000 года Храмовую гору посетил Шарон. Это вызвало демонстрации, в которых участвовали несколько тысяч израильских арабов. Демонстрации переросли в организованное сопротивление.

Сначала во главе демонстраций стояли арабские лидеры — мэры городов и депутаты Кнессета. Они призывали к массовым выступлениям, к организованному насилию, к погромам, затем и к бунту против государства Израиль. А когда начался бунт, они возглавили его.

Банды арабов, не встречая противодействия полиции, блокировали улицы Нацрат-Илита (еврейская новая часть города Назарета), Лода, Рамле (города со смешанным еврейско-арабским населением), некоторые районы Иерусалима. Арабские бандиты сжигали автомобили, грабили магазины, угрожали еврейскому населению. По существу это было началом гражданской войны. Против законной власти еврейского большинства выступила враждебная арабская группа населения. Государство своими полицейскими силами было вынуждено подавить бунтующих. В критические минуты был открыт огонь на поражение. Погибли 13 арабов из числа активных бунтовщиков.

Действия полиции были правомерны, решительны, и бунт не распространился, не перерос в гражданскую войну. Наиболее активная часть бунтовщиков и мародёров была вооружена огнестрельным и холодным оружием. Предсказать их действия было невозможно. Надо отметить, что в те дни евреи, которые жили по соседству с арабскими кварталами, не надеясь на защиту государства, стали готовиться к самообороне. Это все элементы гражданской войны.

То, что быстро и решительно сделала полиция, испугало политическое руководство страны. И ещё больше испугало левую часть израильского общества и арабов. Началась газетная вакханалия. Под сильным давлением арабских лидеров правительство приняло решение о создании комиссии по расследованию действий полиции, что явилось настоящим ударом в спину полиции и даже армии. Повторилась история первой интифады, когда надо было отдать приказ о подавлении восстания, а политическое руководство отказалось брать на себя ответственность. Офицеры полиции получили урок: если для тебя важна карьера, стоит ли принимать решения в аналогичной ситуации?

Комиссия вынесла предупреждение 14 официальным лицам: бывшему премьеру Бараку, бывшему министру внутренних дел Бен-Ами, полицейским офицерам и только трём арабским подстрекателям — членам Кнессета Дахамше, Бишара и мэру Ум-эль-Фахем Салаху. Миф о содружестве арабов и евреев в одном государстве был разрушен. Правда, уголовные дела против полицейских офицеров не были возбуждены.

– Правительство испугалось арабов, — сказал Хорол. — Нужно было бы предупредить, что любое восстание будет подавлено. Полиция выполнила свой долг. Её надо было бы наградить, а не устраивать судилище.

Вероятность гражданской войны не исчезла. Вот на таком неопределённом уровне закончились наши обсуждения.

Д-Р БАРУХ ГОЛЬДШТЕЙН И УБИЙСТВО РАБИНА

На Пурим, 25 февраля 1994 года, разразился скандал. В пять утра врач из поселения Кирят-Арба, верующий еврей д-р Барух Гольдштейн пришёл в Пещеру Праотцев в Хевроне на молитву. Пещера Праотцев служит синагогой и мечетью, и тогда молились там одновременно евреи и арабы. Д-р Барух Гольдштейн был в офицерской армейской форме с оружием. Уже тот факт, что в синагогу на молитву надо идти с оружием, говорит о том, что ни армия, ни полиция не обеспечивали безопасность ни для евреев, ни для арабов.

В том году Пурим совпадал с началом Рамадана — мусульманского праздника — и в Пещере было много молящихся.

Дальше достоверных данных нет. Неожиданно Гольдштейн начал стрелять. Почему? Для чего? Одни утверждали, что он убил 29 молящихся арабов и ранил 150, другие — убито 39 человек и 52 раненых. Барух был обезоружен и забит до смерти.

Вся эта история вызывала недоумение. Барух Гольдштейн — тридцатилетний практикующий врач — так просто расстрелял несколько десятков человек? Стимулировал собственное убийство? В Хевроне все ходят с оружием. Граница раздела между арабами и евреями проходит по середине улиц. Каждую минуту можно ожидать нападения. Был случай, когда араб-снайпер застрелил грудного ребенка на руках у отца.

Все данные, собранные полицией и комиссией Шамгара, нельзя считать объективными и достоверными — они получены только от арабов. СМИ подняли шум, обвиняя Гольдштейна в преднамеренном убийстве. Барух был по израильским понятиям человек правых взглядов, сторонник рава Кахане. Это означало, что ответственность за убийство несёт всё поселенческое движение.

И Иосиф, и я считали, что на Баруха напали, а он защищался. Косвенно это подтвердила и комиссия Шамгара: «Убийство Гольдштейна носило противозаконный характер». Как это ни покажется странным, Шамгар основывал свои заключения на односторонних политизированных свидетельских показаниях, может быть, даже отрепетированных.

О причинах трагедии высказывались разные мнения. Левые утверждали, что Барух Гольдштейн, который крайне отрицательно относился к соглашениям в Осло, запланировал сорвать мирные переговоры между Израилем и Палестинской автономией.

Между прочим, почти через два года убийство Рабина тоже

объясняли желанием сорвать очередные переговоры с палестинцами.

Некоторые жители еврейского Хеврона считали, что Барух Гольдштейн остановил готовящийся погром. После заключения соглашений в Осло время было очень напряжённое: шла серия терактов в Хевроне и в Кирьят-Арбе. Армия не могла добиться спокойствия. Месяца за два до Пурима погибли друг Баруха Гольдштейна, репатриант из Советского Союза Мордехай Лапид (Марик Блюм), и его сын. Барух Гольдштейн пытался спасти их, но было уже поздно. Мы считали, что обе точки зрения несостоятельны: подобного рода действия могли только усилить арабские теракты. Мы считали, что Барух Гольдштейн героически сопротивлялся нападению, это была самозащита.

* * *

О нашей реакции на убийство Рабина писать не хочется. Аукнулась давняя история, когда Володя Шухман сказал: «Еврей не должен убивать еврея». И всё-таки убили. И убил религиозный человек, нарушив заповедь «Не убей». Убил не просто надоевшего соседа или уличного хулигана, пристававшего к женщине, а действующего премьера, бывшего генерала, очень популярного политического деятеля.

Я и Иосиф были противниками индивидуального террора. Политическая линия Рабина не вызывала у нас ни поддержки, ни уважения. Мы были сыты уступками Бегина и легко могли предсказать начало нового витка террора. «Новый Ближний Восток» Переса–Рабина мог быть построен на костях евреев. Будущее Палестинское государство связывалось с непрерывной террористической войной. Утверждение соглашения Осло в Кнессете тоже вызывало возмущение. Но это всё не означало поддержку террора.

Убийство Рабина не положило начало гражданской войне. И левые, и правые остановились, хотя на правых обрушился шквал несправедливой критики. Их обвиняли в политическом подстрекательстве к убийству. Убитый Рабин был удобен для израильского левого лагеря, так как стал национальным символом, героем левого движения.

Сразу забылась его провокационная грубость не только по отношению к политическим противникам, но даже к части своего электората. Про нарушение предвыборных обещаний и говорить нечего. Забылось падение популярности правительства Рабина.

На правых, особенно на религиозных сионистов, возлагали моральную ответственность за убийство Рабина. Хоролы жили в Элькане, в поселении, где большинство проживающих — те самые религиозные сионисты. И они воочию видели клевету, возводимую на них. Игаль Амир был одиночкой, а то, что он был религиозным человеком, — случайность.

Убийство было напрямую связано с соглашением в Осло, с уступками Арафату, с отдачей территорий. Мы осуждали Игаля Амира и одновременно осуждали левую прессу с её надуманными обвинениями.

ОПЯТЬ РОССИЯ

С началом перестройки, когда появилась возможность свободно въехать и выехать из СССР, а особенно, когда рухнула империя, Иосиф и Итта стали часто бывать там. Они были и в Одессе, и в Риге, но особенно часто в Москве. Каждый раз они привозили чемоданами книги. Иосиф говорил: «Пьянеешь от количества книг, от желания всё прочитать. Роскошные книжные магазины».

В Москве он находил новых друзей и новых оппонентов. У него были встречи и острые дискуссии с Прохановым.

В эти годы многие посещали Россию, но я не знаю ни одного случая, чтобы человек приехал в бывший лагерь и поставил там памятник. Иосиф это сделал. В Инте на свои деньги он поставил памятник не только своей матери, умершей в лагере, но и всем женщинам-заключенным. Это выдающийся поступок.

* * *

Одной из часто обсуждаемых нами тем была тема о распаде России — СССР. Это обсуждение началось ещё в лагере и продлилось более 50 лет. В основном наши прогнозы сбылись. Но за эти годы изменилось направление обсуждения. В лагере мы рассматривали распад России под общим демократическим углом: мы считали, что любое ослабление центральной власти приведёт к освобождению заключённых, а общий развал — к образованию отдельных государств с неопределёнными политическими режимами.

Мы исходили из того, что, кроме Финляндии, все вновь образованные страны (на базе российского государства) не были по-настоящему демократическими. В этот список входили три прибалтийские страны и Польша (примерно половина Польши была на территории бывшей Российской империи). Конечно, нельзя было вновь образованные государства сравнивать с Советским Союзом, но в то же время они не дотягивали до уровня демократии во Франции и Англии. А государства, созданные на основе Австро-Венгерской монархии, обладали более продвинутыми демократическими институтами, подобными англо-французским. От Советского Союза тянулись миазмы тирании. Но последнее высказывание очень приблизительное: ни Венгрия, ни Югославия не были подлинно демократическими государствами.

Не было никаких оснований считать, что распад СССР приведёт к демократии во всех 16 республиках (а потом 15-и). Даже если распад произойдёт бескровно (а мы ошибочно считали, что распад СССР будет сопровождаться гражданской войной), национальные лидеры силой попробуют утвердить свою власть. В общем, так и произошло. Может быть, только в Прибалтике есть более или менее демократические государства. Восток этим похвастаться не может.

* * *

Позже нас интересовало, что лучше для Израиля — одно большое государство, даже временами недружественно настроенное, но с постоянной политикой, или несколько вновь образованных мусульманских государств с их неопределённой и непостоянной политикой.

По этому вопросу мы так и не пришли к единому мнению. Я считал, что балансирование между великими державами создаёт устойчивую политическую атмосферу для Израиля. Мнение Иосифа: с небольшими государствами можно создать очень прочные экономические и политические отношения. На практике получилось, что возможны оба варианта.

Долгосрочные прогнозы относительно России крайне трудны. Собственно Россия быстро исламизируется. Уже сегодня в Москве, Петербурге и в других крупных городах значительное мусульманское присутствие. С другой стороны, быстро формируются антимусульманские настроения в обществе. Набирает силу китайская диаспора, столкновение с которой вызовет волнение вдоль китайской границы.

Конфликты внутри России неизбежны. Деструктивные силы достаточно велики, но и новоимперская составляющая становится всё более и более мощной.

ДОМ ХОРОЛОВ В ЭЛЬКАНЕ

Итта и Иосиф в своём доме в Элькане, 1989 г.

Не только и не всегда мы говорили на политические темы. Иосиф и Итта собирали живопись. Для частного дома у них было прекрасное собрание картин.

Иосиф очень следил за русской литературой. У него была огромная библиотека, которую он собирал много лет. Я ни у кого не видел такой библиотеки. Хорошая библиотека была у Меира Гельфонда, но она не идёт ни в какое сравнение с библиотекой Иосифа. Нижний этаж дома

Хоролов в Элькане был целиком заставлен книгами. Иосиф всё время покупал книги и в Тель-Авиве, и когда бывал в Москве, и по системе «Книга — почтой» из России. Иногда он звонил мне и говорил: «Вышла книга, тебе она будет интересна, посмотри её». Иосиф подарил мне книгу Столярова «Палачи и жертвы», в которой упоминалось наше дело. В другой раз он позвонил мне: «Держу в руках Шаламова. Сказать, что это потрясающе — значит, ничего не сказать».

* * *

Ещё в начале восьмидесятых Иосиф и Меир Гельфонд рекомендовали мне купить маленькую книжку Льва Консона «Краткие повести». Это одна из лучших книг о лагере. Рассказ Консона о «мамках» просто потрясающий. И у Иосифа, и у меня душа холодела от этого рассказа.

«У нас женщин, которые рожали в лагерях, звали мамками. В зоне барак для них стоял. Детей считали вольными и держали отдельно за зоной. А когда кормить нужно было, то мамок к ним водили под конвоем. Не знаю почему, но умирали детишки. Кто говорит — от вируса, кто — от эпидемии, а опер сказал, что мамки своих детей сами умерщвляют.

Я в кузне работал. Скобы делал. Норма была большая, а тут мамки приходят. Сменщик мой, Ворохобин, хлеб с них брал, так мамки ко мне шли. Ворохобин злился очень.

Возьмёшь миллиметровый лист, вырубишь звёздочку. Приклепаешь к железному пруту. Конец заостришь. На звезде мелом напишешь имя, фамилию, год рождения, день смерти. Вот и всё. Вот и весь памятник комочку, которому так и не суждено было стать человеком.

Господи! Я тогда в кузне работал, скобы гнул. А ТЫ где был?» [6]

Меня и сейчас от этого рассказа озноб бьёт.

* * *

Бывало, и я, когда видел что-нибудь интересное, звонил Иосифу. Так например, я первым купил сборник документов под редакцией Г. Костырченко о государственном антисемитизме в СССР во времена Сталина.

И конечно, у него были книги Солженицына и о Солженицыне. Его отношение к этому писателю было сложным и неоднозначным. Иногда раздражающе неоднозначным. Я долго думал, почему это так.

Есть писатели одной книги, а есть «многокнижные», многожанровые. Солженицын относится к последним.

Не хочу сравнивать таланты. Я говорю, что, написав одну книгу, они как бы подвели итог своему творчеству. Такое случается не только у писателей, но и у учёных и вообще у людей творческих. Возьмите Николая Островского, Виктора Некрасова, Александра Фадеева и даже Шолохова. Это всё — однокнижники. Никого не интересует «Разгром» Фадеева или «Поднятая целина» Шолохова. Записки о путешествиях В. Некрасова ни в какое сравнение не идут с книгой «В окопах Сталинграда». Каждый из них — в одной книге.

Другие писатели многогранны, многожанровы. Например, Константин Симонов: он выступает и как поэт-лирик, и как драматург, и как военный писатель. Каждый раздел его творчества — особый, и оценка особая. На мой вкус, он превосходный лирик, интересный военный писатель и не очень сильный драматург.

Солженицын ещё более многогранен. В «Матренином дворе», в «Одном дне...», «В раковом корпусе», «В круге первом» — это писатель-романист. В «Архипелаге...» он выступает как исследователь-историк, а в «Августе...» — как писатель-историк.. В книге «200 лет вместе» — наверное, этнограф. Это разные разделы его творчества, и оценка разная.

И у Иосифа оценка была разная. Солженицын публиковал статьи на политические темы, касающиеся России («Как нам обустроить Россию»), об отношениях русских и евреев («200 лет вместе»). В статье «Как нам обустроить Россию» Солженицын высказывал своё мнение о будущем России, о путях её развития. Иосиф говорил, что русский писатель-мыслитель высказывает своё мнение, и ему, еврею, да ещё в Израиле, негоже его критиковать. И совершенно неважно, совпадает ли его мнение с мнением автора.

Есть две точки зрения на будущее развитие России. Одна — славянская, сторонником которой является Солженицын. Вторая — имперская, которую поддерживает Проханов.

По Солженицыну Россия не располагает запасом духовных сил для ассимиляции всех живущих в ней народов. Для русского народа сегодня надо решить, что важнее: империя или духовное спасение народа. (Я не очень хорошо понимаю, что такое «духовное спасением народа» — В. М.). Высокая смертность угрожает исчезновением имперского народа, превращением русских в малочисленный малозначащий народ. В нынешней ситуации основная задача — внутреннее развитие народа (Что это значит? — В. М.)

Вторая — имперская, которую поддерживает Проханов. В первую очередь в новую империю должны входить Беларусь, Украина, Казахстан. Структура государства должна быть федеративной.

Иосифу ближе точка зрения Солженицына, мне, с его теорией империй, — Проханова. Но разве это имеет значение?

А вот книга «200 лет вместе» подвергалась подробному разбору и критике.

О РУССКОЙ ЛИТЕРАТУРЕ

Однажды мы разговаривали о литературе и о гражданской позиции литераторов.

– Писатель может быть как на стороне гонимых, преследуемых государством и обществом, так и на стороне гонителей.

Вот, например, Радищев. И сам он, и его книга преследовались государством. А Пушкин — сложный случай. С одной стороны, он «...и милость к павшим призывал», а с другой стороны, его отношение к полякам, мягко скажем, было совсем не добрым. Пушкин выступал как русский националист. Раздел Польши, подавление восстания 1930 года одобрялось. Виселицы, расстрелы, ссылки — это внутри страны, для внутреннего употребления, а для Запада — это всё пустяки, внутренний спор славян.

– У Пушкина есть хотя бы двоемыслие. А Достоевский — заурядный антисемит, готовый солдат для зондеркоманды, — говорил Хорол. — Ну, а что-нибудь подобное есть в современной литературе?

Я вспомнил Симонова:
«И сами ещё мы здоровия стойкого,
И в школу идут по утрам наши дети
По улице Кирова, улице Войкова,
Улице Сакко – Ванцетти».

– Очень хороший пример, — ответил Иосиф, — начнём с Кирова. Кто такой Киров?

– Секретарь Ленинградского обкома.

– Обкома? Тоже мне фигура!

– Ну, хорошо, глава Ленинграда.

– Это лучше. Но он не первый и не последний. До него был Зиновьев. Хоть какая-то личность. Революционер, журналист, председатель Коминтерна. Его весь политический мир знал. А Кирова? После него будет много подобных: без цвета и без запаха. Чиновник. Через каждые 5–10 лет появится новый. Старый или умрёт, или его расстреляют. В лучшем случае, сошлют.

– Посмотри, — говорил Иосиф, — сколько после смерти Кирова осталось географических названий: Киров — Кировск — Кировабад — Кировоград, проспекты — улицы. Кто он? Учёный, мыслитель? Партфункционер среднего масштаба. Душитель Кавказа. И бабник. И убит был из-за ревности, из-за бабы. В гражданскую войну все были одинаковы: и белые, и красные, и зелёные. Особенно когда дело касалось погромов.

– Объясни мне, как в Смольный мог пройти человек с боевым оружием? Почему в Кремль нельзя было, а в Смольный можно? Охрана Смольного была целиком в ведении НКВД. У Николаева было разрешение на ношение оружия, но не было права разгуливать с ним по Смольному. Николаев был влюблённый дурачок. Отелло убил свою жену Дездемону, верную жену. А Николаев убивает не Яго, третьего. А где Яго? Где и кто? Жена Николаева, найди в русском языке мягкое слово, замужняя женщина, у которой любовник — её начальник. Совсем другой треугольник. Нравы были под твою любимую Коллонтай. «Без черёмухи». А жена Николаева была типичная партийная молодуха, которая через постель хотела сделать карьеру для себя, а может быть, и для мужа. Её-то за что расстреляли? Сколько таких баб крутится по всему миру?

Любопытно, что больше, чем я слышал о деле Кирова в лагере, особенно от моего соседа по Лефортово Сизова [7], я ничего нового не узнал, включая книгу «Об ушедшем веке» Шатуновской.

— Чудовищно, что гордиться нужно этим человеком. Кто там второй?

— Войков.

— С Войковым сложнее. По-видимому, он — из интеллигентной семьи. Ещё вероятнее, из семьи выкрестов, как и Каменев. Закончил гимназию, в эмиграции — университет. Его вклад в русскую культуру — террор и убийство царской семьи. Так уж надо им гордиться?

Третьим по списку идут Сакко и Ванцетти. Убийцы. Грабители. Убили инкассатора. Сакко был анархистом. Ну и что? Анархист был убийцей. Это разве оправдание? И в России такие были. Эсеры, отчасти большевики — Сталин, Петросянц, Красин. Гордиться ли ими надо!? Заступились за убийц, а за оставшихся сирот слова никто не замолвит. А теперь ответь мне, на чьей стороне Симонов, поэт, которого ты любишь? Он рад, что дети ходят учиться по улицам убийц. Поэт сочувствует убийцам, государству, канонизирующему убийц. Но в целом, та же линия, что и у Пушкина-националиста, — на стороне государства.

* * *

И ещё о литературе:

— Русская классическая литература полна антисемитизма. И у Пушкина, и у Лермонтова (В твоём любимом «Герое нашего времени» элегантный выпад: «Проклятый жид, подмышкой жмёт»), и Тургенев. Антисемитами были Достоевский, Блок и Чехов. Про Гоголя и говорить нечего. Погромы надо изучать по Гоголю. Ни одного слова жалости.

– Иосиф, — говорил я, — литературный антисемитизм — это особое явление, оно свойственно не только литературе, но вообще христианской культуре. Ведь всё христианство антисемитское. И вся христианская культура — антисемитская, она построена на отрицании еврейства. Шекспир был антисемитом. И «Риголетто» — антисемитская опера. Можно ли считать Верди антисемитом? Вагнер не только «культурный» антисемит — он идеолог антисемитизма. Его антисемитизм уходит корнями в религиозный антисемитизм. Еврей в христианской культуре не рассматривался как личность. Еврей был пугающим фактором. В русских былинах хазары трансформировались в чудовища. Политический, государственный антисемитизм в России идёт от Державина. Он был сторонником черты оседлости и ассимиляции. А Аракчеев приложил свою тяжёлую руку к кантонистам. Политическими и литературными филосемитами были Сперанский, Горький, Короленко. Советский антисемитизм — продолжение царского, державного.

Иосиф: – Любопытно, как евреи входили в русскую культуру. Было два пути: или через ассимиляцию, или через профессиональное мастерство. По первому пути пошли Кюхельбекер (Неужели и Кюхля из евреев? «Евреи, евреи, кругом одни евреи». Я очень сомневаюсь, что Кюхельбекер имеет еврейские корни. — В. М.), у которого были еврейские корни, поэт Фет, академик Хвольсон, академик Иоффе, Гольденвейзер, Мандельштам, Галич, Бродский. Для Галича и Бродского вообще нет оправдания. Они бросили свой народ не только из за личных преследований, но и в тяжёлое для него время. Другой путь — это путь Грузенберга,

Гинцбурга, Шолом-Алейхема, Михоэлса, Жаботинского, из советских академиков — Ландау, Гинзбурга, Минца-радиофизика.

Со второй половины 19 века в русском театре постоянно говорят о еврейском засилии. Но это по времени совпадает с еврейской культурной революцией — Хаскалой. В Европе снимаются политические ограничения, и евреи рвутся в технологическую, экономическую, научную и даже политическую элиту Европы. Во всех странах они наталкиваются на ограничения, на антисемитизм. Часть порывает с еврейством: кто крещением, кто культурной ассимиляцией. Часть остаётся верна традициям. Россия опаздывает с демократизацией. На еврейскую революцию она отвечает антиеврейским законодательством, то есть государственным антисемитизмом и погромами. Евреи сопротивляются: первая часть, как и в Европе, ассимилируется, вторая — уходит в революцию, а третья — в сионизм.

Евреев в политическую элиту России привело образование. Даже если бы не произошла Октябрьская революция, евреи вошли бы в верхний слой общества, как и во всей Европе и Америке. Образование, трудолюбие, упорство. Евреи чувствовали появление новых профессий и шли туда. И часто были первопроходчиками.

Моя реплика: Левый, социалистический антисемитизм идёт от Маркса. Как ни покажется странным, антисемитизм Маркса — это не социальный антисемитизм, а антисемитизм выкреста. Явление не уникальное. Антисемитизм во искупление. Большинство сегодняшних левых евреев, а их много, не проходят акт формального крещения, но моральное крещение, стадию духовной ассимиляции проходит каждый из них. Обязательное отторжение от еврейства. От любого еврейства — как светского, так и религиозного.

Создавая структуру израильской компартии, руководство ВКП(б) рассчитывало на создание научного центра, который мог приспособить их марксизм к современным требованиям, то есть разрабатывать теорию революции. Всё это выродилось в разработку левого антисемитизма, который вместе с легалами и нелегалами выплеснулся в Западную Европу. Суслов, Митин, Юдин были выпускниками ИКП и активными советскими антисемитами.

* * *

Об Алексее Толстом Иосиф говорил просто: «Ничтожный писатель».

Моё отношение к «Хождению по мукам» — основной, самой известной книге Алексея Толстого — сильно изменилось. В юности мне этот роман очень нравился. Незадолго до репатриации в Израиль я был месяц в командировке в Дивногорске и взял из дома в дорогу эту книгу. Если начало читалось с интересом, то до конца я дочитал с большим трудом: всё было лживо и плохо написано. Но одна фраза врезалась в голову: характеризуя двадцатый век, Ал. Толстой написал, что девушки стесняются своей невинности, женщины — верности мужьям. Уловил писатель тенденцию социального развития общества. Может быть, этого достаточно?

Давид Маркиш написал исторический роман «Шуты». Иосиф шутил: историю Франции надо учить не по Тарле, а по Дюма, а историю России только по Ю. Семенову (намёк на «17 мгновений весны», в которой Штирлиц был главный советский разведчик) и Давиду Маркишу. Три крещёных еврея: Шафиров — вице-канцлер, Дивер — генерал-полицмейстер Петербурга и

Лакоста — шут Петра Первого (надо отметить, что шут выполнял не только чисто артистические функции, но и ещё функции министра культуры), справляют еврейскую пасху вместе с Петром Первым! Пётр пригласил в Россию много иностранцев, в основном протестантов, но всё же христиан. Это были голландцы, шведы, немцы, датчане. Часть из них приняла православие. После окончания войны со шведами на территории России появляются немцы и евреи Прибалтики. Если были приглашены, кроме Шафирова, Лакосты и Дивера, ещё какие-то евреи, то и те были крещеными. Для Петра не имело значения, что Шафиров — ашкеназ, Лакоста и Дивер — сефарды.

В России не зафиксирована какая-либо группа, подобно испанским маранам, втайне исповедовавшая иудаизм. Переход в иудаизм жестоко преследовался. Но крещение и безупречная служба Петру не спасли их от политических преследований и поздней реабилитации. Так что ассимиляционный путь — тупиковый. Для русского общества крещёный еврей оставался всё равно евреем. Так было при Петре, так осталось и сегодня.

ИЗ ЛАГЕРНЫХ ВОСПОМИНАНИЙ

О Шульмане.

Было два брата Шульмана. Старший — Зиновий певец, младший — Михаил, театральный администратор. Я с ними не был знаком. Зиновия буквально за несколько дней до моего прибытия в Майкадук этапировали, кажется, на Дубовку. Иосиф сидел с ним. В Израиль Зиновий не доехал. Иосиф к нему очень прилично относился и не хотел верить всяким слухам о его якобы стукачестве. Младший брат Михаил — первый директор Краснознамённого ансамбля песни и пляски им. Александрова — был арестован в 1937 году и осуждён на 10 лет ИТЛ. Срок отбывал на Колыме. В 1947 году освободился, но вскоре был арестован вторично. В Израиль он приехал довольно рано, в 1972 году, и написал воспоминания, в которых рассказывает, как он и его отец, очень известный одесский кантор, ходили к одной проститутке. Иосиф говорил, что, даже если это было так, то писать об этом стыдно. Михаил опозорил своего отца, измазал уважаемого кантора грязью. Второе, за что Иосиф презрительно относился к Михаилу, было признание Михаила, что, по его инициативе артистов ансамбля перед выходом на сцену стали обыскивать. Холуйский поступок.

* * *

Об ассимиляции.

Почему большевики боролись с сионистами, — говорил мне Иосиф, — непонятно. Никакой логики в этом нет. Понятно, когда борьба шла с идишистами, то есть с Бундом. Сионисты хотели уехать, они не ощущали себя гражданами страны, чувствовали себя как нежелательные иностранцы. Но на территории России проживали тысячи иностранцев, в частности, немцев, к которым царское правительство относилось неоднозначно. Накануне Первой мировой войны порядка 400 тысяч немцев не российских подданных было переселено из приграничных западных районов. Но у большевиков не было к ним никаких претензий. Кроме того, далеко не все сионисты стремились немедленно поехать в Палестину.

Посмотри, как медленно, с откатами туда и обратно, американские евреи репатриируются в Израиль. Ты мне рассказывал, что скорость эмиграции из России за тридцать–сорок предреволюционных лет была около 50 тыс. евреев в год, из них только 1000 доезжала до Палестины. Пустыня, террор, арабы. Не только Большого театра не было, воды не хватало. А для евреев Европы соответственно — Гран-Оперы, Ла-Скалы, Британского музея. Трудно быть евреем. А в Палестине тем более.

Ты сам мне рассказывал, как кто-то из твоих знакомых готов вернуться в Америку — он не смог хорошо устроиться на работу. У вас были друзья, которым не хватает «запаха Большого театра». И это люди, которые с риском бежали из СССР. Это признак духовной ассимиляции. Но такие же люди были-жили и в начале века, казалось бы, совершено у не ассимилированного еврейства. В каждой алие какое-то количество людей не могло прижиться в Израиле.

Но какое это имеет отношение к войне большевиков с сионистами? Наоборот, сионисты должны были распространить русское влияние на Ближнем Востоке. Все волны алии из России привозят с собой «русскость», вне зависимости кто и как лично относится к России. Только политическая слепота, политическое тугодумие Ленина сделали сионистов врагами России. Дзержинский в середине двадцатых начал понимать мировое значение сионизма. Сегодня мы все хором восторгаемся Михоэлсом. Но он и весь ЕАК были или идишистским (Михоэлс, Маркиш, Фефер), или ассимиляторским (Эренбург, Гроссман, Штерн, генералы Крейзер, Доватор). В Палестине–Израиле для Михоэлса и Маркиша места не было, вся культура была антиидишистской, ивритской. Они и не стремились в Израиль. Но бундовско-идишистский проект зашёл в тупик, так как по большому счёту это культурно-политическое решение было ассимиляционным. Посмотри, как в свободной Америке уменьшается, ассимилируется нерелигиозная еврейская община, а ортодоксальная медленно растёт.

Я возражал:

– ЕАК создавалась как скрытая организация НКВД для работы за границей. И вдруг она вопреки желанию НКВД, да и вопреки самим членам ЕАК превратилась в некий не политический, а социальный орган, куда сотнями стали обращаться евреи: одни — возмущённые вспыхнувшим государственным антисемитизмом, другие — в поисках защиты от бытового антисемитизма.

Иосиф отвечал:

– Ты абсолютно прав. Не сионистские идеи, а политика Сталина выдвинула ЕАК в защитники евреев. Даже пресловутая идея Крыма, созданная по замыслу КГБ, была чисто идишистской, Бундовской, антисионистской.

Я: – Ассимиляционная политика не была идеей советской власти. В дореволюционной России проводилась русификация всех народов. «И финн, и ныне дикий тунгус, и друг степей калмык» должны были стать русскими, то есть православными. Но этот процесс свойственен любой империи. И даже смена религии не является чем-то уникальным. Татары, грузины, армяне, немцы меняли религию, теряли национальный язык, становились русскими.

У евреев в России активная ассимиляция началась в первой половине 19 века, и всё время скорость процесса нарастала. Но она захватывала или образованные слои еврейства или деловые. Крещение давало гражданские права, место жительства, учёбы и т. д. После крещения Хвольсон-старший, Гольденвейзер стали профессорами.

Но была и другого типа ассимиляция — ассимиляция духовная. Она не была связана с постыдным переходом из одной религии в другую. Тем не менее, весь духовный интерес переключался на русскую культуру. Революция заменила религиозную часть ассимиляции на советизацию, а духовная осталась. И наше поколение — детище такого процесса. Русское общество не приняло такое еврейство. Государственный и бытовой антисемитизм работали параллельно.

Иосиф: – В СССР в 1920-е годы была частично осуществлена идея еврейской культурной автономии, бундовская идея. И оказалось, что это духовный тупик. И только сионизм сохранил остатки еврейства.

* * *

Меня интересовали вопросы депортации, происходившие в России — СССР в разные времена. С начала 1980-х годов 19 века и до революции, за 30–40 лет, из России добровольно выехали около 2 млн евреев, то есть скорость исхода 50–60 тыс. в год. Это вполне сравнимо со скоростью исхода с 70–90 годов уже 20 века. За тридцать лет — 1,5 млн, 50 тыс. в год. Русская алия заканчивается, база исчерпана.

Иосиф считал, что за семьдесят лет советской власти произошла сильная ассимиляция евреев. В смешанных браках записывалась национальность детей в большинстве случаев по титульной нации. Надо продолжать разыскивать евреев по всему бывшему Советскому Союзу, включая евреев Кавказа и Средней Азии. В тех случаях, когда надо пройти гиюр, необходима помощь рабанута и государства. Конечно, предполагался гиюр ортодоксальный.

Есть в мире более десяти групп, претендующих на то, чтобы их считали евреями. Медленно, но и рабанут признает за ними право на репатриацию. Например, группа «Бета Исраэль» [8] (эфиопские евреи) были признаны евреями и получили право на репатриацию. Более того, Израиль принял часть насильственно крещённых эфиопских евреев. Конечно, последовал гиюр.

Рабанут дал разрешение на алию индийских евреев, и уже несколько сот человек прибыло в Израиль. После разгрома Ирака рабанут предпринял попытку разыскать обращённых в ислам иракских евреев. Не активно, но всё же ведётся определённая работа и с испанскими, и с португальскими маранами. Около 2000 маранов приняли гиюр и репатриировались в Израиль.

Нет никаких оснований считать, что насильственное крещение или исламизация (для бухарских и иракских евреев) чем-нибудь отличается от такой же насильственной советизации — ассимиляции. Надо неустанно вести поиск ассимилированных евреев в России и странах СНГ.

* * *

Я как-то сказал, что можно было бы считать национальность и по отцу. Иосиф с насмешкой мне ответил: «Ты человек смелый, тебе и Сталин был не указ, ты перешагнул его авторитет (намек на участие в СДР), но есть традиция трёхтысячелетней давности, и ты предлагаешь её отбросить. Не страшно ли? Над алией надо работать. А ты пытаешься найти простой и очень сомнительный путь».

Я подумал, что он прав.

* * *

О войне Судного дня.

Войну не проспали, а прогуляли, упиваясь собственной мо-

щью. Похмелье победы затянулось. Все считали, что арабы ду-
раки: они не способны освоить современную технику, не говоря
уже тактике.

Наша разведка допустила стратегическую ошибку. И очень
обидно об этом говорить. Идея реванша была главной идеей еги-
петского руководства. Это было упущено. Были и более мелкие
упущения. Египтяне закупили около 500 мощных насосов, чтобы размыть насыпь вдоль Суэцкого канала. Зачем египтянам по-
надобилось такое количество мощных насосов? Какое питание
насосов? Если дизельное, то это большая установка, не меньше,
чем танк размером. Если они работают на электроэнергии, надо
к ним подвести специальный кабель, построить электрическую
подстанцию, снабдить их плавсредствами. Где-то проводились
испытания. Но самое главное, что Египет использует опыт не
только собственный, но и всей Европы и Советского Союза.

* * *

Хорол неоднократно говорил, что левизна генералов опре-
деляется желанием сделать послеармейскую карьеру. До 1977
года карьеру можно было сделать только в составе левых партий и, в частности, в партии Авода. Именно этим объясняется
послеармейская их левизна.

Левая составляющая израильской политики и по сей день
велика.

Вообще-то стратегия — не удел генералов. То есть генерал
может быть стратегом, но это не его прямая обязанность. Его
задача — руководить войсками. Обычно стратегами выступают
гражданские лица — политики и дипломаты. Израильские генералы молодыми уходят на пенсию. А политика и «около по-

литика» привлекательна. Посмотрите, как израильские бывшие генералы легко отказываются от территорий, которые они завоевали. Примером может быть Ицхак Рабин, Ури Саги, бывший начальник военной разведки, Ами Аялон, бывший командующий ВМС, а затем глава ШАБАКа и даже Шарон.

* * *

Я много ещё чего не рассказал об Иосифе. Но пора кончать.

Прощай, друг. Вокруг меня много евреев — умных, толковых, а мне теперь не с кем поговорить, не с кем поспорить...

Иосиф Хорол с сыном Михаликом

Владимир Мельников, Итта Хорол и Ирина Мельникова.
В доме Хоролов. 2023 г.

ПРИМЕЧАНИЯ

[1] Неэман Юваль (1925–2006) — один из крупнейших физиков современности, шеф военной разведки, возглавлял Израильскую комиссию по атомной энергии, инициатор и глава Израильского космического агентства, основатель космической программы государства Израиль, основатель, первый ректор и затем президент Тель-Авивского университета, создатель и глава партии Тхия, министр науки и технологии Израиля.

[2] Коэн Геула (р. 1925 г.) — израильский политический и общественный деятель, героиня борьбы за независимость Израиля, член Кнессета с 1973 по 1992 год, сторонница идеи неделимого Израиля. Провела закон о присоединении Голанских Высот к территории государства Израиль.

[3] Гуш Эмуни́м (גּוּשׁ אֱמוּנִים; «Союз верных») — религиозно-политическое поселенческое движение. Возникло в начале 1974 года. Главная цель движения — создание новых поселений на контролируемых территориях.

[4] Ямит — израильское поселение, созданное после окончания Шестидневной войны в 1967 году и просуществовавшее вплоть до 1982 года, когда эта часть Синая была передана Египту по условиям мирного соглашения в Кэмп-Дэвиде в 1979 г. На этот момент в нём проживало около 2500 человек. Само поселение было разрушено, а все его жители принудительно эвакуированы на территорию Израиля.

[5] Рехава́м «Ганди» Зеэви́ (רחבעם "גנדי" זאבי ; 1926–2001) — генерал-майор запаса, основатель и председатель правой партии «Моледет». Будучи в должности министра туризма, застрелен террористами.

[6] Консон Лев. «Краткие повести». Paris: La Presse Libre, 1983. Стр. 83.

[7] Сизов. Приблизительно 1900 г. р. Ленинградец. Гимназистом примкнул к РСДРП(б). Окончил истфак ЛГУ. Преподаватель истории в ленинградских вузах. Очень хорошо знал политическую ситуацию в Ленинграде 20-х — 30-х годов. Был лично знаком со всеми руководящими работниками в Ленинграде. В 1934 году закончил ленинградский филиал ИКП и был послан секретарём райкома партии в Новосибирскую область, тем самым избежал ареста по кировскому делу. Был арестован в 1949 году в Новосибирске, где работал учителем в школе.

[8] «Бета Исраэль» (בֵּיתָא יִשְׂרָאֵל ; «дом Израиля») — эфиопские евреи. Этнолингвистическая группа (община) евреев, которая до массовой алии в Израиль (начало 1980-х гг.) проживала в основном в северной и северо-западной Эфиопии. К этому периоду община насчитывала около 45 тыс. человек.

ЧАСТЬ ТРЕТЬЯ

АНАТОМИЯ
ПРЕДАТЕЛЬСТВА

1 января 2010 в больнице Ихилов в Тель-Авиве умер мой друг Иосиф Хорол.

Я познакомился с Иосифом летом 1955 года в Караганде, на лагпункте Фёдоровка в Песчлаге. Мы быстро подружились. Наши дела были очень похожи, только у моего был более суровый конец — трое расстрелянных.

Немного о Иосифе. Одессит. Во время Отечественной Войны с семьёй был эвакуирован в Казахстан. После войны 16-летним подростком Иосиф был вынужден пойти работать в порт. Выучился на крановщика. Стал секретарём комитета комсомола Одесского порта. Поступил в вечернюю школу рабочей молодежи.

В 1948 году Иосиф уволился и начал серьёзно учиться. Он получил хороший аттестат зрелости, но в 1948 году его не приняли в ОГУ. И только через год он стал студентом. Процентная норма евреев на юрфаке составляла 12%.

Шёл 1950 год. Май месяц, зачёты. Впереди маячили экзамены. А пока студенты-второкурсники веселились.

«Студент бывает весел

От сессии до сессии,

А сессия всего два раза в год.

День мы прогуляли,

Ночь мы проиграли,

А потом не знали ни бум-бум.

Выпьем за гулявших,

Выпьем за не спавших,

Сессию сдававших наобум».

Ну, конечно, играли в карты. Ну, конечно, играли в домино. Капельку выпивали. Тем более, что в Одессе вино было дешёвое. И конечно, трепались. Ну, как же без трёпа!? Тем более, будущие юристы. А юристы должны быть красноречивы. Тем более, было, о чём потрепаться.

1948–1950 годы для евреев были очень тяжелые. Убили Михоэлса. Посадили ЕАК («Еврейский антифашистский комитет»), газеты были полны статьями о евреях-космополитах. Кого-то увольняли, кого-то не брали на работу, появились ограничения на поступление евреев на некоторые факультеты университета. И это в Одессе, через 5 лет после окончания войны, во время которой было убито 99000 евреев.

И вдруг в1951 году в университете были арестованы шестеро студентов юрфака. Как же случилось, что КГБ выбрал Хорола, Щуровецкого, Монастырского, Гарцмана, Фланцбаума и Шнейдерова?

Французы говорят: «Если хочешь раскрыть преступление — ИЩИ ЖЕНЩИНУ». И женщина нашлась. Чуда не было.

Был обычный донос. И свидетельство тому — «Дело 11647», дошедшее до нас через 73 года из архива Одесского КГБ.

Стукачом оказалась милая девушка, которая была влюблена в Иосифа, и к которой Иосиф был весьма благосклонен. Как говорится, отношения были романтические. Звали её Неля Немиринская. Нинель Немиринская была девушкой, также ущемлённой своим еврейством, с теми же взглядами на антисемитизм в Одессе. Я не верю, что она сама вдруг пришла в КГБ и рассказала о ребятах. Где-то её зацепили. Кто? И на чём? Неизвестно.

Рассказывая о ребятах, об их еврейских взглядах, она должна была рассказать и о себе. А это означало посадить себя. Кто-то же ей объяснял, кто-то же ей гарантировал личную безопасность. Это тоже неизвестно. И «Дело 11647» не даёт ответа, а только устанавливает, что Нинель Немиринская есть агент Желткова.

Всё оказалось просто, слишком просто. По рассказам их знакомых, у Иосифа и Нинель были сложные отношения. Нинель казалось, что они на грани расставания. Иосиф не бросил Нинель, но их связь переживала кризис. Ей казалось, что вместо предполагаемой женитьбы — полный разрыв. А жених Иосиф был завидный: высокий, красивый, удачливый, с жилплощадью. Нинель как женщина была чем-то оскорблена, и, по-видимому, хотела отомстить, но не просто отомстить, а ещё и наказать, привязать к себе. Как делали вокруг тысячи женщин? Жаловались в партком, местком, ну, наконец, в комсомольский комитет. Общественные организации должны были отреагировать на жалобу. Но как мог реагировать студенческий комитет комсомола на такую жалобу? Это всё же был университет, а не монастырь.

В апреле 1950 года Немиринская пошла к секретарю комитета комсомола университета Геннадию Збандуту. Полились девичьи слёзы и жалобы: Иосиф Хорол, которого она любит, ведёт разгульный образ жизни и находится в интимной связи со студенткой Байронас.

Но такая жалоба не произвела на Геннадия Збандуту особого впечатления. Подобных жалоб были десятки. Что мог сказать Геннадий Иосифу? Не попадайся!

И тогда Нинель нанесла удар, как говорится, ниже пояса: она рассказала, что Иосиф с друзьями встречается у Гарцмана и ведёт антисоветские разговоры. Личная жалоба переросла в политический донос. У Збандута не было выхода. Не мог же он скрыть, даже если бы и хотел, антисоветские разговоры на юрфаке! Он передал содержание жалобы Немиринской сотруднику Одесского УМГБ Смотрицкому, который тоже ухаживал за Эльвирой Байронас. Ай да Эльвира! Скольким мужикам она крутила голову?

Сознательно или не сознательно, Немиринская уже вынуждена была сотрудничать с органами. Тягаться студенту Хоролу с сотрудником МГБ было не под силу.

Отдадим должное и Смотрицкому — как хорошо и просто избавиться от соперника. Раз–два, и любовь через решётку. В университете романы начинались ежедневно и ежедневно кончались. К счастью, без вмешательства МГБ.

Предательство не знает границ. В мае 1950 Нинель Немиринская стала внештатным сотрудником КГБ с агентурной кличкой «Желткова». Вроде бы, ничего не произошло. Она по-прежнему встречалась с Хоролом и с их общими друзьями, вела с ними обычные разговоры, признавалась в любви. А потом бежала в КГБ и подробно рассказывала, кто что сказал, какие еврейские темы сегодня обсуждались. Там ей обещали навести порядок, приструнить Иосифа.

27 мая 1950 года Нинель написала первый донос на Хорола. Среди прочего она также рассказала, что националистические взгляды у Иосифа сложились ещё в эвакуации в Казахстане. Там же Иосифа исключили из комсомола за национализм. Вернувшись в Одессу, он скрыл исключение и обманным путём восстановился в комсомоле.

В эвакуации Хоролу было 12–14 лет. В комсомол принимали не раньше 14 лет. Семья вернулась в Одессу в 1944 году. Казгородок (сегодня Ульги), в котором они жили, был аулом в Акмолинской области с населением меньше 500 человек. Я не уверен, была ли там школа. Две трети населения были казахи, остальные — русскоязычные (но не все русские). Какой там мог быть еврейский национализм? А вот русский мог быть. Казахов называли с пренебрежением «хозяин страна» или «черножопые». Но за русский национализм в те времена не преследовали.

После доноса на группу студентов с юрфака «обратили особое внимание» славные одесские чекисты. Одной Немиринской-Желтковой было мало. Уж больно дело было грязным. Возможно, был оговор, месть. Их смущала возможная неискренность агента Желтковой. Какие-то нюансы Нинель пыталась скрыть, переиграть КГБ. Впоследствии они проверяли Желткову на «добросовестность» её доносов.

МГБ пыталось внедрить ещё одного агента. Им был Леонид Монастырский, агентурное имя которого было «Пушкарёв». Но произошла осечка. Монастырский был секретным сотрудником отдела охраны МГБ Северно-Черноморского бассейна. Это была совсем другая работа, не имевшая к политическому сыску никакого отношения.

Вынужденно подписавший бумагу о сотрудничестве, Монастырский стучать не собирался. Более того, в своих донесениях он подчёркивал, что вся группа, включая Иосифа, вполне лояльна к советской власти. Такая информация не устраивала одесских чекистов. Дезинформацию органы Монастырскому не простили, и он был тоже арестован.

Не кажется ли вам, что эта история отвратительная, подлая? Так продолжалось полгода. В январе 1951 года Хорола «приструнили», а заодно и всю еврейскую мужскую часть компании: их посадили. Ни Нинель, ни других девушек не тронули.

Родители арестованных ребят были в отчаянии. Все бросились по знакомым искать какую-либо помощь. Тщетно. Особенно активно вели себя мать Хорола и мать Монастырского: они порознь добрались до Москвы — Зинаида Осиповна до Берии, а до какого начальства добралась Фира Борисовна Монастырская, я не знаю.

После ареста Иосифа Нинель переезжает к его матери. Вот так просто — взяла и переехала! На каких правах? Для Зинаиды Осиповны Нинель была почти невесткой, почти женой Иосифа, почти членом семьи, а значит, от неё не было никаких секретов. Со стороны казалось, что между Зинаидой Осиповной и Нинель — любовь и дружба.

Может быть, отчасти это и было. Нинель не передавала всех разговоров с Зинаидой Осиповной в КГБ. Но такой агент не устраивал одесских чекистов. Внедрили контролёров, которые установили неискренность Нинель.

С Немиринской провели соответствующую работу, ей объяснили, что «стучать надо не выборочно, а в полную силу», и даже больше. Нинель поняла, она была способная девочка.

Вот цитата из «Дела 11647»: «Проживая после ареста Хорола и других участников националистической группы (объекты агентурного дела «ИГРОКИ»), на квартире его матери, «Желткова» также скрывала её активную антисоветскую националистическую деятельность. Учитывая такое поведение «Желтковой», были приняты меры по её идейному воспитанию и проверке. В результате «Желткова» постепенно стала признавать свои ошибочные взгляды на политику партии и правительства в национальном вопросе, рассказала об известной ей антисоветской националистической деятельности матери Хорола и включилась в активную разработку объекта и её связей. При проверке «Желтковой» в разработку объекта была введена агент «Беба», которая перекрыла материалы «Желтковой», после чего мать Хорола была арестована. На допросах она призналась в активной антисоветской националистической деятельности».

Кто такая «Беба», я не нашёл. Мне не удалось выяснить, из какой семьи была Немиринская, кем были её родители, где она жила и на что она жила. Где подрабатывала. В «Деле 11647» сообщалось, что отец её был убит на фронте, а мать умерла. Где-то жил старший брат, который помогал ей материально.

* * *

Родственники товарищей Иосифа боялись встречаться с Зинаидой Осиповной. Она всегда была в психическом возбуждении и непрерывно ругала советскую власть. Ей было всё равно, кто был её слушателем. Её просто боялись. Она всем рассказывала о невинно посаженных детях, грозила пойти на израильский корабль и рассказать, как в Советском Союзе расправляются с еврейской молодежью. Не говорить, а стоять около неё было страшно.

А Нинель не боится. Она живёт у матери Иосифа. Она бесстрашна.

В то время Советский Союз уже торговал с Израилем. В Одессу прибывали корабли с апельсинами с наклейками JAFFA (по-одесски — «джафа») — гордость еврейской Одессы. С израильтянами она всё же не виделась. Я думаю, что всё «Дело 11647» было создано как реакция органов КГБ на желание Зинаиды Осиповны встретиться с израильскими моряками.

КГБ не знал, как можно приструнить Зинаиду Осиповну, она перестала чувствовать страх. Через полгода пришло решение. Изолировать — значит посадить!

На этом фоне милая девушка, может быть, будущая жена Иосифа, выслушивает полубред, вероятно, больной женщины. Соглашается, поддакивает, советует, подбадривает, говорит, что не надо бояться. Но в её планы не входило сохранить эту женщину, мать Иосифа, ведь она его любила.

Я — старый человек, проживший в СССР без малого 50 лет. Я знаю, что стукачество, доносительство было основой социальной жизни в стране. Были миллионы доносов. Но такая отвратительная форма, которую использовала Немиринская, меня просто раздавила. Мало того, что она добровольно посадила любимого человека (допустим, из ревности, по глупости), она ещё посадила и его мать. Её-то зачем?

С КГБ Одессы родственники «шестёрки» быстро разобрались и поняли — обращаться бесполезно. Сразу после ареста сына Зинаида Осиповна Хорол начала обивать пороги органов безопасности, пытаясь убедить их в невиновности сына. Она поехала в Москву, где ей удалось попасть на приём к Берии, который обещал пересмотреть дело Хорола. Я и по сей день не могу понять, как это могло произойти.

Зинаида Осиповна несколько раз приезжала в Москву. Она была всего секретаршей, машинисткой со скромным заработком. Иосиф какое-то время работал в Одесском порту крановщиком, получал зарплату, что для семьи было большой поддержкой. На поездку в Москву надо было иметь деньги. Их давали отец Иосифа и его сестра. Но где она жила в Москве? И сколько это стоило? Как она попала на приём к Берии!? Кто-то ей очень сильно помогал. И этого человека, вероятно, сдала Нинель.

Ко всеобщему удивлению, Берия обещал разобраться и пересмотреть дело Хорола. И дело вместо трибунала было направлено в Одесский областной суд, который 26 ноября 1951 года вынес приговор. Вместо расстрелов — троим (включая Иосифа) дали по 25 лет, троим — по 10.

Согласно приговору Одесского областного суда в этой шестёрке Хорол, Щуровецкий и Гарцман были ведущими. Гарцман сделал шаг вперёд: он уже искал антисоветские организации, с которыми можно было бы объединиться. Леонид Монастырский, Арон Фланцбаум и Альберт Шнейдеров получили по десятке.

25-летний срок Иосиф получил только потому, что во время

суда повёл себя вызывающе: он не только не отказался от показаний, данных на предварительном следствии (а у него такая возможность была), но и взял на себя всю вину. Его последнее слово было политическим заявлением. Иосиф сказал, что недоволен и не согласен с национальной политикой советского правительства, отсутствием свободы слова в СССР и постоянным вмешательством Советского Союза в дела стран народной демократии.

Это была не политическая дерзость, а политическая декларация. Неожиданно для подельников и для суда Иосиф из мальчика, студента-второкурсника превратился в убеждённого противника режима, пошёл в политическую атаку и заявил о несогласии с политикой партии и правительства.

Наказание было неминуемо. Никто не мог его защитить. Ему реально грозила смертная казнь. К тому времени уже действовал закон о смертной казни. (Указ Президиума ВС СССР от 12.01.1950 «О применении смертной казни к изменникам Родины, шпионам, подрывникам-диверсантам»). Но были какие-то ходатайства из Москвы. И одесский суд не стал ссориться с Москвой. Приговор, вынесенный 26 ноября 1951 года, был мягким.

Я думаю, что это было результатом хождений Зинаиды Осиповны и Фриды Борисовны Монастырской по московским коридорам власти. А что ещё могло смягчить приговор?

Через два с половиной месяца, в феврале 1952 года, Военная Коллегия Верховного суда СССР судила нашу организацию — три расстрельных приговора. В Ленинграде в то же время расстреляли троих из группы Берлина. Вы чувствуете разницу?

Хлопоты наших родителей не дошли до ушей большого начальства. Зинаиде Осиповне удалось защитить Иосифа. Светлая ей память.

Однако решением суда Зинаида Осиповна Хорол была не довольна.

Ей обещали помощь, а на деле сын получил 25 лет ИТЛ. Она не только не понимала, но и знать не хотела, что Иосиф выступил на суде в другом качестве: не трепливым мальчиком, а молодым еврейским политическим деятелем, и что руку помощи ему уже никто не мог подать. Вот так иногда тюрьмы формируют людей. Одних ломают, других — закаляют.

Зинаида Осиповна опять поехала в Москву, но на сей раз безрезультатно. С ней никто больше не хотел разговаривать. Возвращалась она в Одессу в середине февраля 1952 года в очень тяжёлом настроении: сын сидит, и ещё долго будет сидеть. Практически всю жизнь. И делать нечего, спешить некуда.

Но Одесское КГБ спешило: а вдруг Зинаида Осиповна успеет встретиться с израильскими моряками и расскажет им об аресте группы еврейской молодёжи? Никаких вариантов такой встречи не допускалось — на обратном пути из Москвы в Одессу 13 февраля 1952 года её в поезде арестовали.

Обвинение было стандартным: З.О. Хорол, которая «является еврейским националистом, и будучи недовольна национальной политикой советской власти, систематически проводила среди своего окружения антисоветскую агитацию, в которой клеветала на советскую власть, руководителей советского государства, органов МГБ и суда». Кроме того, у неё было конфисковано имущество.

Ей было всё равно, она не спорила, со всем соглашалась. Следствие шло быстро, без зацепок. 31 марта 1952 года, через полтора месяца после ареста, Зинаиду Осиповну Хорол осудили «за контрреволюционную агитацию и бандитизм» на 25 лет ИТЛ и 5 лет поражения в правах. У сына и матери оказался один срок.

Мать Зинаиды Осиповны, бабушка Иосифа, Ягнятинская осталась одна и вскоре умерла. Её похоронили на еврейском кладбище в Одессе.

* * *

Прошёл год. В СССР случилось важнейшее историческое событие — умер Сталин. И сразу начались изменения. 9 марта 1953 года Сталина похоронили. А уже через четыре дня, 13 марта, новый министр объединённого Министерства МГБ–МВД Берия создал следственную группу для пересмотра «дела врачей», «дела арестованных бывших сотрудников МГБ СССР», «дела бывших работников Главного артиллерийского управления Минобороны СССР», «мингрельского» и «авиационного» дел.

А ещё через две недели, 27 марта, Указом Президиума Верховного Совета СССР была объявлена амнистия, которую называли «ворошиловская», или «бериевская». Она охватила 1 200 000–1 400 000 человек. Но к делу Иосифа она не имела прямого отношения, хотя в лагерях наступило время ожидания новой амнистии. К моему делу «бериевская» амнистия имела прямое отношение: одной моей подельнице снизили срок на 9 лет, а другую освободили.

Но как это ни странно, хлопоты Зинаиды Осиповны и Фиры Борисовны не прошли даром. «13 июля 1953 года Судебной коллегией по уголовным делам Верховного суда Союза ССР приговор по делу 5220 отменён и дело возвращено к доследованию со стадии предварительного следствия». Это было одно из первых пересмотренных дел.

Надо сказать, что юридическое начальство Одесской области поступило осторожно и разумно, выделив из «Дела 5220» Хорола и представив пять его подельников в отдельном деле. Пять подельников Иосифа были освобождены из-под следствия за недоказанностью преступлений: их освободили в январе

1954 года, а у Хорола состоялся повторный суд. Мать Иосифа ещё была жива.

26 июня 1953 года Берия был арестован по обвинению в измене Родине, шпионаже и заговоре с целью захвата власти, и 23 декабря 1953 года был расстрелян по приговору Специального судебного присутствия Верховного Суда СССР. Вместе с Берией были осуждены и расстреляны шестеро его ближайших соратников.

За две недели до ареста Берии Иосиф Хорол был этапирован в Одессу. В деле Хорола появилось новое обвинение. В письмах из лагеря он «излагал между строк тайнописью свои контрреволюционные настроения» и «писал о своих намерениях совершить побег».

Дело Хорола опять оказалось без «покровителя» и сразу затормозилось.

Массовая юридическая реабилитация началась только в 1954 году в результате работы комиссии П.Н. Поспелова.

А 18 февраля 1954 года, в Инталаге на ОЛП-5 скончалась мать Иосифа — Зинаида Осиповна Хорол, так и не дожившая до освобождения сына. Два года Зинаида Осиповна продержалась. Её похоронили на кладбище сангородка ОЛП-5.

Без московского нажима одесситы не торопились. В апреле 1954 года начался повторный суд — только над Хоролом. На новое следствие ушло 10 месяцев. За время, что Иосиф мотался по лагерям и тюрьмам, он превратился в политического деятеля, убеждённого сиониста.

Бериевская амнистия дала толчок беспорядкам в некоторых Особлагах, где сидели по 58-й статье, и в том числе волнения охватили Воркуту. В этот период Хорол, заключённый № 1Щ653, тянул срок на Воркуте, в Речлаге, в отделении Особлага № 6. Одним из серьёзных испытаний для него было участие в Воркутинском восстании.

С конца июня до начала сентября продолжалось сопротивление зеков лагерной администрации и забастовки. Я не буду их описывать. Во-первых, я в них не участвовал, во-вторых, эти «восстания», или, как их называло начальство, «волынки», хорошо описаны в литературе. Для меня важно, что Иосиф в них участвовал. И это была настоящая политическая школа.

На переследствии Иосиф заявил, что «весь перечень обвинений 1951 года есть его убеждения». Он по-прежнему утверждал, что политика партии и правительства антисемитская, и что пример этой политики — ограничения для евреев, желающих поступить в некоторые высшие учебные заведения.

На суде Хорол сказал: «Вы пытаетесь судить не меня, а еврейский народ. Предлагаю отложить этот суд на тысячу лет. Я и мой народ придём на его заседание, а вас не будет».

Дополнительным обвинением была попытка побега из лагеря. Письма о побеге представила суду Немиринская. Вроде бы она их хранила.

Для побега нужны деньги, связи, места, где можно отсидеться, и ещё многое другое. В лагере Иосиф начал переписывался с Нинель как с одним из самых близких ему людей. Эльвира Байронас осталась в невозвратном прошлом. Она оказалась чужой. Никакой связи с ней Иосиф не пытался установить.

Что значитпереписываться? Два письма в год. В январе 1953 года (ещё при жизни Сталина) за отказ выйти на работу Хорол угодил в штрафной изолятор, или, по-лагерному, карцер. («Одет по форме, накормлен по норме, на работу выйти отказался. Отправлен в штрафной изолятор на N дней» — стандартная формулировка при направлении в карцер.) Карцер мог быть очень тяжёлым.

А теперь внимание. В письмах из лагеря к Нинель Иосиф якобы делится своими планами на жизнь — сбежать из лагеря. Для переписки он использовал тайнопись. Когда и где он научился тайнописи, когда и где он обучил Нинель читать тайнопись?

В письме к Нинель от 28 января 1953 года Иосиф написал «невидимыми чернилами», что каждый день в лагере для него опасен, что в случае войны с Америкой политзэков сразу расстреляют. Иосиф просил Нинель прислать ему два паспорта, два военных билета, два командировочных удостоверения, фотографии и гражданскую одежду. Письмо было отправлено с чужого адреса в Воркуте и подписано чужим именем. Для такого письма не надо было иметь знакомых в городе.

Как и следовало ожидать, Нинель Яковлевна промолчала. Через 4 месяца, 5 мая 1953 года, Иосиф снова пишет письмо с просьбой прислать указанные ранее вещи. Кроме того, просит, чтобы документы были для двух человек: 23–30 и 35–40 лет. В посылку Хорол просил положить и жестяную банку, наполненную мёдом. Банка должна быть особой конструкции — у неё должно было быть двойное дно. В пустую полость между настоящим и ложным дном надо было положить цианистый калий или другой сильнодействующий яд в количестве, достаточном для двойного самоубийства. Письмо кончалось обнадеживающей фразой: «Скоро США положат конец всему... Жить и работать мы будем с ними».

* * *

Тут необходимо пояснение.

Многие в лагерях были уверены, что в ближайшее время будет война с Америкой. В основном это утверждали военные, это была их тема, и чем выше был чин военного, тем убедительней звучала гипотеза.

Подробности были вот такими. Начинается война, американцы выбрасывают десант в спецлагеря, вооружают заключённых, которые отважно сражаются. Другой вариант. Начинается война и Сталин приказывает расстрелять всех политзеков. Ни у кого не возникало сомнений, что Сталин может отдать такой приказ и что найдутся исполнители.

В лагерях знали о массовых расстрелах на Беломорканале, в Катыни, в Харькове, в Полоцке, на Воркуте (кашкетинские расстрелы). Кстати, и об этом говорили в лагерях, в Орловском централе (на самом деле в Медведевском лесу, в 10 км от Орла) в сентябре 1941 года чекисты расстреляли 157 заключённых, включая Раковского, Плетнёва (врача), Петровского, лидера эсеров Марию Спиридонову, заодно мужа Марины Цветаевой — агента НКВД С. Эфрона, жён «врагов народа» Гамарника и маршала Егорова, а также жён «командарма 2-го ранга» Корка, командарма 1-го ранга Уборевича и сестру Л. Троцкого Каменеву. За два с половиной месяца Бутырки я много чего услышал. Так что в расстрелы во время возможной войны верил и я. Могу отметить, что лагеря, и особенно пересылки, обладали огромной информационной ёмкостью.

Первый раз про теорию войны Америка — СССР я услышал на Челябинской пересылке в апреле 1952 года от зам. военного министра Японии генерал-лейтенанта Таминага. Он в начале 1930-х годов учился в Русском университете в Харбине, а потом был помощником военного атташе в Москве и хорошо говорил по-русски. Я был молодым, двадцатилетним, конечно, мало что понимавшим в военном деле, но думал, что разбросанные по всей территории СССР лагеря, часто в очень отдаленных районах, не могли воевать с центральной властью. А вот в расстрел заключённых абсолютно верил.

Второй раз о войне Америке и СССР я услышал в Богучаре, весной 1955 года. Дело было так. Однажды я проснулся от необычного шёпота. На широком подоконнике очень высокого окна стояли два моих сокамерника — командир батальона дивизии «Галичина» гауптштурмфюрер СС (капитан) и оберштурмфюрер (старший лейтенант) полка «Бранденбург 800», главные камерные военные эксперты. Они внимательно рассматривали сполохи в окне. Им казалось, что бомбили Кантемировку.

Расстояние между Богучаром и Кантемировкой — 50–60 км. На густом чёрном фоне виднелись багрово-красные языки пламени и был слышен отдалённый гул. Первым и единственным предположением было — бомбят Кантемировку. Чёрное небо от горящих нефтехранилищ, гул от взрывов боеприпасов. А вывод был простым — утром нас расстреляют. Удивило и успокоило одно — открылась кормушка, и надзиратель и крикнул: «Спать».

Утром оказалось, что страшный ливень докатился до Богучара. Все признаки войны превратились в молнии и гром. Но страх, что утром могут расстрелять, я пережил.

* * *

Однако вернёмся к Хоролу.

О «невидимых чернилах». В науке «невидимые чернила» называются симпатическими. Такие чернила быстро высыхают и не оставляют на хорошей бумаге следов. Но чтобы прочитать текст, чернила нужно проявить. В основном теплом.

Эффективность симпатических чернил зависит от состава реагентов. В советской мемуарной литературе упоминалось, что секретные чернила использовались русскими революционерами. В частности, Ленин использовал для тайнописи сок лимона или молоко. Вот откуда появилось в письмах Хорола молоко как тайные чернила. Но... Где же в лагере можно было достать молоко?

В царских тюрьмах молоко и белый хлеб не входили в рацион ежедневного питания, но в тюремных ларьках за собственные деньги можно было купить и молоко, и булку. Тем более что Ленин как дворянин в тюрьме имел некие поблажки. А из жандармов в мемуарах делали сплошных идиотов. Они видели у заключённого Ленина изготовленную из белого хлеба чернильницу, они видели, как заключённый Ленин макал в неё перо и писал, и ничего не могли сделать. Заключённый съел чернильницу. А перо — это колющий предмет. Как он мог попасть в камеру после всех шмонов? В советской тюрьме заключённому поставили бы большую клизму и выдрали бы чернила и чернильницу с кишками. Да и посадили бы на 10 суток в карцер.

Относительно лагерных писем. Хорол просит свою знакомую прислать ему документы на двух человек и двойную дозу цианистого калия. Допустим, что после всех событий последних лет Нинель сохранила фотографию когда-то любимого человека, но где она могла достать вторую фотографию и наклеить фотографии на документы? Ведь фальшивые документы делают профессионалы.

Я думаю, что Иосиф не знал, какова смертельная доза цианида калия. Он ведь не был химиком. А зачем обычному человеку знать летальные дозы химических препаратов? Летальную дозу должна была узнать Нинель. Это не было секретом. Для этого нужно было пойти в университетскую библиотеку и в открытом доступе найти химический справочник. А там было написано: смертельная доза цианистого калия для человека весом 70 кг составляет 119 мг. Я сомневаюсь, что при лагерном питании Иосиф весил больше. Но допустим, он весил 100 кг. Тогда смертельная доза для мужчины весом в 100 кг равна 170 мг. На двоих 340 мг.

Где девушка могла достать яд? Все ядовитые вещества в СССР выдавались под расписку, и получивший яд сотрудник отчитывался за израсходованный материал. Значит, кто-то должен был украсть. Очень сильно рискнуть. Задаром можно попросить 20 г хлористого цинка для пайки. Каких денег стоило купить 340 мг украденного яда? А сколько стоила покупка двух паспортов?

Нужны большие связи и очень большие деньги. Родители подельников Иосифа не помогли бы. Во-первых, они боялись, и было чего. Во-вторых, Одесса медленно заполнялась слухами, что Нинель «стучит».

Есть ещё и моральный аспект. Допустим, Нинель выполнила просьбу Иосифа и достала ему и паспорт, и яд, но побег сорвался. Иосиф и его друг приняли яд. И отравились. В этом случае адвокат Нинель Яковлевна Немиринская выступает в качестве убийцы. Не тяжеловато ли для неё?

Допустим, Иосиф хочет организовать побег. Это очень трудно. А побег двоих во много раз труднее. В лагерных «парашах» (не проверенных рассказах) существует легенда о побеге. Бегут втроём. Двое нормальных мужиков, а третий «толстенький фраер», лох, дурачок. В тяжёлой обстановке, когда нечего есть, его убивают и съедают. Не для этого ли Хоролу нужен был «второй»? За все годы нашего знакомства я никогда не слышал от Иосифа ни подробностей об этом побеге, ни имени предполагаемого напарника. Ведь это должен был быть близкий друг. Кроме того, жена Иосифа мне об этом человеке ничего не рассказывала. А был ли он вообще?

Письма, в которых Хорол просил помощи в побеге, представила второму суду Нинель Яковлевна Немиринская. Даже если эти письма действительно были — это тюрьма, это прямая улика. Оказалось, что письма Иосифа Нинель Яковлевна сдавала для хранения в КГБ. Там было надёжнее, там улика «хранилась вечно». Там эти письма и писались.

На совместном допросе 13 марта 1954 года следователь МГБ и зам. прокурора Одесской области Хорола спросили, переписывался ли он с Немиринской. На «нет» Иосифа, ему предъявили его же письма, в которых говорилось о побеге из лагеря. Эти письма летом 1953 года Немиринская принесла в Одесское управление МГБ. Показания на суде она давала неохотно.

* * *

Обвинения в попытке побега с Воркуты мне кажутся сомнительными. Иосиф знал, что все его письма проходят двойную цензуру. В спецлагерях разрешали написать только два письма в год. Каждое такое письмо должен был прочитать офицер-цензор, который был обязан не только вычёркивать сомнительные места, но и имел возможность конфисковать письмо.

За «плохое письмо» могли и лишить права на переписку (писать и получать) на какое-то время. Меня на Майкудуке на полгода лишили права получать посылки.

Причина — непочтительное отношение к надзирателям.

По своему опыту знаю: цензор не читал всех писем. В Майкудуке было 1500–2000 З\К, это 3000–4000 писем в год, это 10–15 писем в день, написанных каракулями. Основным контингентом лагпункта были «бандеровцы» (60–70%), которые русского не знали и говорили, и писали только по-украински. Их средний образовательный уровень 2–4 класса. Во второй крупной группе З/К — «власовцев» (20–25%) — далеко не у всех была «пятёрка» по чистописанию в начальной советской школе. Их образовательный уровень от 4 до 7 классов.

Читать письма заключённых было утомительно и неинтересно. Письма 5–10% лагерной интеллигенции были более интересны, и их было легче читать. Если цензор что-то не мог разобрать, он или выбрасывал письмо, или вызывал З\К и тот ему объяснял. Если у цензора возникали подозрения, вызывался эксперт и шло разбирательство по полной форме.

Не надо с презрением относиться к цензорам. Прочитавши тысячи писем, разобравши сотни почерков с полурусскими словами, человек действительно становился специалистом. Вот ведь таможенники не просматривают каждый чемодан. Могут, но не делают. Контроль на таможне выборочный. И у цензора был выборочный контроль.

К «непослушному» Хоролу, студенту, цензор относился с особым вниманием. Но не все письма проходили цензуру. Я пересылал и свои, и чужие через вольняшек — в основном шофёров. Иногда это могли быть кладовщики. Технология была простая. Сам или кто-нибудь из твоих друзей проносил письма в рабочую зону. На выходе утром из лагеря был обязательный шмон, часто лёгкий. Но выборочно отводили на вахту и могли раздеть догола.

Уже в рабочей зоне я раскладывал письма по заранее заготовленным самодельным конвертам. Были письма, которые складывались треугольником и надписывались химическим карандашом. Дальше я передавал письма шофёру, а он бросал их в почтовый ящик. Я расплачивался с шофёром (на каменном карьере) — грузил ему «левую» машину с бутом. При таком методе ты никогда не знал, довезёт ли шофер письмо до почтового ящика. Иногда письма сбрасывали в помойку.

Было ещё одно препятствие. Иногда цензор получал информацию, что в почтовом отделении скопилось много «подозрительных» писем. Цензор шёл на почту и отбирал всё, что казалось ему нужным. Но это была лагерная цензура, цензура отправителя.

В почтовых отделениях получателя тоже сидел цензор, который по списку отбирал и просматривал письма. Он тоже, как и лагерный, мог задержать или конфисковать письмо. Если что-то вызывало у него сомнения, органы КГБ быстро приходили на помощь. Цензоры были людьми не слишком образованными (в лагерях и тюрьмах я не встречал образованных офицеров надзора), но безусловно опытными, и я очень сомневаюсь, что они пропустили крамольные письма Иосифа. При всей моей любви к Иосифу он не был ни «рукоделом», ни профессиональным разведчиком, который всему обучен.

Теперь о посылках. Посылки вскрывал надзиратель в присутствии цензора и зека. Каждую вещь из посылки осматривал, иногда зек пробовал. Нестандартную упаковку консервов выбрасывали.

История с побегом — «лажа», очередная ловушка, придуманная в МГБ.

Я не верю, что Иосиф действительно готовил побег с Воркуты.

В приговоре Судебной коллегии по уголовным делам Одесского областного суда были указаны статьи 16 и 78 ч. 2 УК УССР. Статья 16 говорит: «Лицо, добровольно отказавшееся от доведения преступления до конца, подлежит уголовной ответственности лишь в том случае, если фактически совершённое им деяние содержит состав иного преступления». Побега не было.

В статье 78 ч. 2. указано: «Если осуждённый не выполняет возложенные на него обязанности или систематически совершает правонарушения, повлёкшие административные взыскания и свидетельствующие о его нежелании встать на путь исправления, суд направляет осуждённого для отбывания назначенного наказания».

Этот пункт — обоснование для отправки во Владимирский централ.

Одесский суд не принял во внимание показания Немиринской о побеге. Активное поведение Хорола на суде зачеркнуло всякую возможность его освобождения.

И всё же приговор опять был мягким: по совокупности ст. 54–10 ч. 1 — к 10 годам лишения свободы и поражению в правах на 5 лет. Было ли это веяние времени или чье-то влияние, я не знаю.

* * *

После второго суда Иосиф был этапирован во Владимирскую тюрьму для особо опасных преступников (учреждение ОД-1/Т-2).

В предчувствии возможных восстаний — «волынок» — в 1954 году стали очищать лагеря от активных заключенных — их переводили в закрытые тюрьмы. Из Караганды был отправлен эшелон зеков. Я попал в Богучар (Каменская обл.) и просидел там год. Так что Владимирская тюрьма была нормальной реакцией на политически активного заключенного.

Просидел Иосиф в «закрытке» недолго. Потом была шахта в Дубовке. Но Иосиф в шахте не работал. Во всяком случае, летом 1955 года его перевели из Дубовки на Фёдоровку (Дубовка и Фёдоровка — лагпункты в Песчлаге, в Караганде).

Бериевская амнистия коснулась только малосрочников. У

«политических», как правило, были большие сроки — 15 и 25 лет. На таком фоне заключённый с 10 годами был малосрочник. С таким сроком, говорили, и на параше пересидеть можно.

На Фёдоровке Иосиф, как малосрочник, восемь часов в день работал за зоной без конвоя. У него была возможность даже зайти в книжный магазин. Мне он подарил маленькую книжонку «Песнь о Гайавате»Лонгфелло.

Работу за зоной Иосифу организовал П.Ю. Гольдштейн, нарядчик в Фёдоровке: могу заметить, что Иосиф родился с золотой ложкой во рту.

Расстались мы 4 января 1956 года. Меня этапировали в Москву на переследствие. На прощанье Иосиф мне ехидно заметил: «Приедешь в Москву, потребуешь, как представитель ОК (оргкомитета, я был кандидатом в члены ОК организации СДР) второй по величине партии в Советском Союзе, провести пресс-конференцию и расскажешь о положении в лагерях».

Иосиф освободился летом 1956 года. Я его встречал в Москве. Тогда в лагерях работали комиссии по освобождению. В одном поезде с ним приехал Меир Гельфонд. Остановился Иосиф не у меня, а у кого-то, кажется, на СивцемВражке, но я с ним в Москве встречался, а потом мы недолго переписывались.

В1968 году я и моя жена отдыхали в Молдавии. В Одессе я уже не застал Иосифа, а Щуровецкого не нашёл.

В конце я хочу сказать, что памятник в Инте Зинаиде Осиповне Хорол — единственный в России памятник женщинам, погибшим в Гулаге, — поставили Иосиф Хорол и его жена Итта Хорол за свой счёт.

«Безвестным и бесчисленным
женщинам — жертвам сталинского террора.
Имвна Ваши бессмертны»

* * *

P.S. На этом, я думал, закончится мой рассказ. Мне хотелось узнать о судьбе Немиринской. Но ничего нового я найти не мог. Она какое-то время работала юрисконсультом на предприятиях Одессы, потом её имя промелькнуло среди адвокатов Луганской области. Никаких подробностей о её жизни я не знал, но осталась её характеристика из КГБ, где говорится о том, что она очень добросовестная, и что её можно использовать для работы с еврейским населением Советского Союза. В начале 1950-х агент Желткова была в цене.

Больше никаких подробностей я найти не мог. Случайно наткнулся на информацию о том, что в Луганске работает адвокат Н.Я. Немиринская, но та ли это Немиринская, что посадила Хорола и его друзей, я не знал.

Неожиданно обнаружил, что в Луганске в городской библиотеке есть двухтомник воспоминаний адвоката Н.Я. Немиринской, изданный в 2004 году в Луганске: «**Немиринская Н.Я.** Т. 1. О судебных делах и немного о себе (Записки адвоката). Т. 2. 50 лет в адвокатском строю. Луганск, 2004».

Достать книгу, изданную 20 лет назад тиражом 300 экз., — задача не из лёгких.

На мой запрос Луганская библиотека мне не ответила. В Сахаровском центре и московском «Мемориале» библиотеки по всяким политическим соображениям закрыты. В библиотеке МГУ такой книги нет. Попросил американских друзей выяснить, есть ли книги Немиринской в Библиотеке Конгресса. Но ответа не получил. В национальной библиотеке Израиля такого издания нет. Но к счастью, из Национальной библиотеки Украины очень быстро пришёл ответ, что в её фондах имеется двухтомник 2014 года на украинском языке. Значит, интерес к этой книге был большим — иначе зачем переводить её на украинский язык. Слава богу. Из этой же библиотеки мне по моей просьбе прислали автобиографию Н.Я. Немиринской. Да, Немиринская из Одессы и Немиринская — адвокат из Луганска — одно и то же лицо.

Что же пишет Н.Я. о себе?

«Я родилась в 1930 году в Одессе. Мой отец был, как теперь говорят, "старым коммунистом". Он состоял в партии с 1917 года и посвятил коммунистической идее всю свою жизнь. Естественно, в 1937 году он был арестован как "враг народа", но расстрелять не успели. Когда Сталин решил обвинить во всех репрессиях Ежова и дать этому периоду имя "ежовщина", он освободил из тюрем тех немногих заключённых, которые вину не признали, и их не успели расстрелять.

Среди них был и отец.

Год и десять месяцев, претерпевая все пытки, он не отступил, не признал себя виновным во "вредительстве", "шпионаже" и прочем.

Я помню, когда он рассказывал о пытках, которые пережил, моей бабушке, своей матери, от услышанного она упала в обморок.

А он продолжал верить в коммунизм и говорить, что во всём виноваты "враги партии, которые хотят, чтобы все думали, что это делала партия", но он никогда не поверит в это. С такой верой он пошёл на войну и погиб, защищая город Севастополь. Так, ещё до войны, в возрасте девяти лет, я впервые услышала о том, о чём через много лет прочитала в произведениях Солженицына. Тогда все поняли, кто виноват в этих репрессиях.

Трудно поверить, но тогда, в девять лет, я сказала, что буду юристом. И не изменила своих намерений. Моя мама была из совершенно другой среды. Её отец владел мебельной фабрикой. Она окончила гимназию, знала французский и немецкий языки, любила музыку. В первые годы после революции такие пары встречались довольно часто. Юноши из рабочего класса влюблялись в красивых девушек из богатых семей, которые так и не стали их единомышленниками. Об этом даже пьесы написаны, в одной из которых говорится, что золотые волосы этих барышень привлекали больше, чем "конские гривы" единомышленниц.

До войны я успела закончить четыре класса, кстати, украинской школы. В то время в Одессе было много украинских школ. И никто не делал различий между ними и не спорил о том, нужно ли знать украинский язык, хотя Украина не была самостоятельной.

В четырнадцать лет я уже вступила в комсомол, а вскоре стала секретарём комсомольской организации школы.

"Прозрение" пришло чуть позже, уже в университете, ещё перед XX съездом КПСС, на котором Н.С. Хрущёв выступил с докладом о "культе личности". Из-за этого "прозрения" меня исключили из комсомола, чуть не исключили из университета. Да, я с детства привыкла воевать за свои права. Мне удалось окончить юридический факультет университета в 1953 году, лишь в год смерти Сталина. 17 февраля 1954 года я прибыла в Луганск по распределению, уехав из любимой Одессы.

26 февраля 1954 года я была принята в Луганскую коллегию адвокатов.

Недавно я отпраздновала пятидесятилетие моей работы в адвокатуре».

Нормальная, скажем, хорошая биография. Есть фотография. Немолодая женщина с внуками. Значит, была семья: муж, дети и внуки. Рассказывала ли Нинель мужу и внукам о своей «боевой» молодости?

Но я хочу обратить внимание на абзац со словом «прозрение».

Девочка из хорошей интеллигентной семьи, отец которой погиб на фронте. Мать из богатой семьи и хорошо образована. О том, что её семья — еврейская, Нинель Яковлевна умалчивает. Даже в 2014 году это неприятный факт. На Украине еврейство никогда не было плюсом. О судьбе матери ни слова, так же, как и о старшем брате.

То, что отец простил Сталину и партии побои и другие издевательства, было в то время распространённым явлением. Люди настолько боялись повторного ареста, что молчали, перекладывая вину на следователей. У Берггольц есть стихотворение.

> «...когда со дна морей, с каналов
> вдруг возвращаться начали друзья,
> зачем скрывать — их возвращалось мало.
> Семнадцать лет — всегда семнадцать лет.
> Но те, кто возвращались, — шли сначала,
> чтоб получить свой старый партбилет».

Руки дрожали от ревматизма, сырых камер и карцеров, от перебитых следователями пальцев. Да без партбилетов кто бы им дал пенсии, жалкие комнаты в коммунальных квартирах, прописку в больших городах. Но это между прочим.

Якову Немиринскому повезло: он вернулся в свой дом, к жене и детям. А был ли он восстановлен в партии, Нинель Яковлевна не пишет.

Как материально жила студентка Н.Я., неясно. Была ли помощь брата постоянна и значительна — тоже неясно. Что-то случилось особенное, что поломало её жизнь? Что? Я не знаю.

А уехала Немиринская из Одессы потому, что по городу стал ползти слух, что она — стукачка.

Немиринскую как перспективную и очень молодую сотрудницу КГБ Одессы послал в командировку в Москву, а потом тихо перевёл в Ворошиловоград (Луганск). Распределение оказалось очень удобной формой перемещения уже опытного агента на новое место службы.

В 1989–90 годах дело группы Хорола пересматривалось в третий раз. Это было связано с общей десталинизацией в СССР. Моё дело тоже в 1989 году было пересмотрено и вся наша организация была реабилитирована, включая расстрелянных. Но была и разница. «Дело СДР» рассматривал Пленум Верховного Суда СССР, а реабилитировали на основании «отсутствия события и состава преступления».

Одесские следователи проводили допрос свидетелей. В числе свидетелей была вызвана в суд и Нинель Яковлевна Немиринская, агент МГБ, которая первой заявила об антисоветских взглядах Хорола и его друзей. Одесским судом было выписано специальное поручение о допросе Н.Я. Немиринской. Ворошиловоградские чекисты категорически возражали против открытого допроса заслуженного адвоката. Одесским следователям было разъяснено, что допрос адвоката Немиринской нецелесообразен по оперативным соображениям.

Разоблачить секретного агента чекисты отказались. Правильно говорят — чекисты своих не сдают. Нет бывших чекистов.

Чтобы не быть голословным, привожу выписки из архива Одесского КГБ:

СПРАВКА
на агента «Желткову»

Немеринская Ниннель Яковлевна.

1930 года рождения, уроженка гор. Одессы, еврейка, член ВЛКСМ, происходит из служащих, студентка 5-го курса юридического факультета Одесского госуниверситета, проживает в гор. Одессе, ул. Дерибасовская дом 13 кв. 9.

Являясь студенткой госуниверситета, «Желткова» вступила в интимную связь со студентом Хоролом, являвшимся одним из участников еврейской националистической молодёжной группы, существовавшей в госуниверситете, и под его влиянием примкнула к этой группе.

Впоследствии, во избежание репрессии «Желткова» выдала участников этой группы органам МГБ и на этом основании 12 мая 1950 года была завербована 5 отделом УНГБ. Однако при вербовке и в процессе сотрудничества свою антисоветскую националистическую деятельность скрывала.

Проживая после ареста Хорола и других участников националистической группы (объекты агентурного дела «ИГРОКИ»), на квартире его матери (объект дела-формуляра), «Желткова» также скрывала её активную антисоветскую националистическую деятельность. Учитывая такое поведение «Желтковой», были приняты меры по её идейному воспитанию и проверке.

В результате «Желткова» постепенно стала признавать свои ошибочные взгляды на политику партии и правительства в национальном вопросе, рассказала об известной ей антисоветской националистической деятельности матери Хорола и включилась в активную разработку объекта и её связей.

При проверке «Желтковой» в разработку объекта была введена агент «Беба», которая перекрыла материалы «Желтковой», после чего мать Хорола была арестована. На допросах она призналась в активной антисоветской националистической деятельности и в своём намерении через моряков парохода «Римон» передать в Израиль антисоветскую националистическую информацию.

После ареста матери Хорола «Желткова» окончательно отошла от своих ошибочных взглядов на национальную политику партии и правительства в национальном вопросе и по личной инициативе представила оперработнику письмо, где полностью призналась в своей прошлой антисоветской националистической деятельности.

В начале 1952 года «Желткова» была подставлена советнику миссии Израиля Аргаману. В результате «Желтковой» удалось войти в доверие к Аргаману, выяснить его некоторые связи в Одессе и Москве, а также данные, заслуживающие оперативного внимания об антисоветской и шпионской деятельности, проводимой сотрудниками израильской миссии в Москве.

В связи с тем, что Аргаман обусловил встречу с «Желтковой» в Москве, она по указанию 2-го Гл. Управления МГБ СССР выезжала в Москву, где в отношении Аргамана выполняла специальное задание.

В результате проверки «Желтковой» 2-м Гл. Управлением МГБ СССР были получены данные, дающие основание подозревать её в том, что она, встречаясь с Аргаманом, несколько нарушила рекомендованную ей линию поведения, дав понять Аргаману об аресте Хорола органами МГБ. Впоследствии «Желткова» в этом призналась.

Летом 1951 года «Желткова», по заданию выезжала сроком на два месяца в м. Красные Окна, Одесской области и добилась *положительных результатов по разработке группы еврейских националистов.*

В настоящее время по проверке «Желтковой» используется агент «Черногорец», от которого данных, дающих основание подозревать её в обмане органов МГБ, не поступает.

По своим личным качествам «Желткова» является развитой и культурной девушкой, учится только на «отлично». По характеру самолюбива и настойчива, имеет хорошую память.

К выполнению заданий относится серьёзно, умеет добиваться установления доверительных отношений с интересующими нас лицами.

«Желткову» продолжаем активно использовать по разработке еврейского националистического подполья.

11 декабря 1952 года,

Начальник 2-го отдела УМГБ Одесской области,

полковник Госбез

Погорелый».

Вот и всё. История закончена. В Ворошиловграде 50 лет Н.Я. Немиринская проработала адвокатом-**защитником.** Я подчёркиваю — **защитником.** Ну ладно, она выступала в делах о хищениях, о приписках, об искажениях в государственной отчётности. Но это не всё! Она вела, в том числе, судебные дела инакомыслящих и диссидентов, дело Луганской «фашистской» группы молодежи.

Отправив в лагерь своих друзей, отправив на смерть мать любимого человека, она защищала инакомыслящих! Непостижимо.

Она одной рукой писала защитительные речи, другой — доносы.

«...Желткову» продолжаем активно использовать по разработке еврейского националистического подполья».

«...К выполнению заданий относится серьёзно, умеет добиваться установления доверительных отношений с интересующими нас лицами».

И совсем недаром ворошиловоградские чекисты категорически не хотели её публичного разоблачения. Но на делах, которые сдавались в архивы МГБ, было написано **хранить вечно**.

Мужество и предательство.

Прошло время.

Нет больше СССР. Евреи бывшего Советского Союза разбежались по свету. Кто хотел — в Израиль, для остальных домом стала Америка и даже Германия. Бывшая русская еврейская община уменьшается. То, что раньше входило в понятие Россия–СССР, превращается в «зону свободную от евреев». Как Польша.

Но останется память о тех, кто много лет тому назад хотел вырваться из советского ада, жить в своей стране, был предан и за это поплатился потерей родных, тюрьмой, лагерем, а иногда и жизнью.

СОДЕРЖАНИЕ